대만 차의 역사와 문화

대만 차의 역사와 문화

초 판 인 쇄	2024년 12월 24일
초 판 발 행	2024년 12월 30일

저　　　자	노성환
발　행　인	윤석현
발　행　처	박문사
책 임 편 집	최인노
등 록 번 호	제2009-11호

우 편 주 소	서울시 도봉구 우이천로 353 성주빌딩
대 표 전 화	02) 992 / 3253
전　　　송	02) 991 / 1285
홈 페 이 지	http://jncbms.co.kr
전 자 우 편	bakmunsa@hanmail.net

ⓒ 노성환 2024 Printed in KOREA.

ISBN 979-11-92365-83-1　03380　　　　　정가 20,000원

대만 차의 역사와 문화

노 성 환 저

박문사

서문

　나와 대만과의 첫 만남은 차가 아니라 「우란분(백중)」이었다. 수년
전 나는 불교민속 중의 하나인 「우란분」에 관한 민속조사를 하기 위해
수차례 대만으로 건너가 시골 마을과 불교와 도교의 사원에 돌아다니
며, 그들의 의례를 지켜보았다. 이것이 내가 대만을 만났던 계기가 되
었다.

　그 후에도 연구는 이어져 죽어서 올리는 「영혼결혼」 그리고 죽어서
「대만의 신이 된 일본인」들을 찾아 대만 여기저기를 찾아다녔다. 그리
고 그 결과를 대만의 대학에서 개최된 학술대회에서 수차례 발표하기
도 했다. 이같이 자주 대만을 오가면서도 대만차에 대한 관심을 두지
않았다.

　그런데 대학을 정년퇴직한 후 여러 다인들과 만나게 됨으로써 대만
의 차문화에 대한 관심이 부쩍 높아졌다. 그러던 어느 날 인터넷을 통
하여 우연히 유미지라는 여성이 쓴 「한국에 아메리카노가 있다면 대
만엔 차가 있다」는 제목의 글에 이목이 끌렸다. 이 글은 『우먼센스』라
는 여성 잡지에 투고된 것인데, 그 말대로라면 한국인은 커피를 좋아
한다면, 대만인은 차를 좋아한다는 뜻이다.

　그녀는 그 글에서 대만의 대표적인 차로 문산포종차(文山包種茶), 동

방미인차, 일월담(日月潭)지역의 홍차와 아리산(阿里山) 고산지대에서 생산되는 우롱차를 들었다. 그러면서 문산포종은 대만의 북부 신베이 (新北)에서 생산되는데, 이 차를 마시면 시험에 합격한다 하여 수험생들에게 인기가 많고, 동방미인차는 대만 서부 신죽(新竹)과 묘율(苗栗)에서 나는데, 영국 왕실로부터 그와 같은 이름을 받았다는 일화를 소개했다. 그리고 일월담의 홍차는 은은한 계피 향과 민트 향이 함께 나며, 아리산의 우롱차는 달콤하고 부드러워 관광객들이 많이 찾는다고 친절하게 설명을 붙였다.

이러한 대만차의 이름은 사실 나는 잘 몰랐다. 나중에 안 사실이지만, 우리나라의 다인이라면 이 정도의 지식은 상식에 가까운 것이었다. 그리고 많은 사람들이 이러한 차들을 수입하여 마시고 있다는 사실도 나중에 알았다. 어떤 사람들은 차를 마셔보면 그것이 어느 차인지 정확하게 알아맞히는 것도 적지 않다.

이러한 상황을 몇 번이나 경험한 나는 2022년 「대만차문화」를 파악하기 위해 대만으로 건너갔다. 일단 이상에서 제기된 차들이 생산되는 곳을 가보아야겠다는 생각으로 무작정 대만길에 올랐던 것이다. 1주일 남짓한 짧은 여행이었다. 그 기간 동안 대만에 사는 친구들이 적극 협력해주어 나의 지적 호기심을 어느 정도 충족시킬 수 있었다. 그러나 그 기간만으로 대만차를 모두 파악할 수 없었다. 생산지는 물론 종류도 너무 다양하여 정리도 할 수 없었다.

사실 그러한 나에게는 그러한 능력이 없거니와, 그것이 목표도 아니다. 내가 관심을 가지는 것은 그들의 차문화이다. 그것을 위해 일차적으로 「대만차의 역사와 문화」를 이해해야 했다. 여기에 대한 지적 허기는 짧은 대만여행으로 채워지지 않았다.

이러한 지적 불만이 귀국한 후에도 계속되었다. 그리하여 그것에 관해 설명해놓은 서적 또는 연구 성과들을 찾았다. 그러는 동안 놀라운 사실을 하나 발견했다. 우리나라에 연구서는 물론 개설서조차 거의 없었다. 심지어 대만차를 독립적인 것을 보지 않고, 중국 차 범주 속에 넣어 다룬 것도 없지 않았다. 이처럼 우리가 대만차를 이해하는데 길잡이 해 줄만한 자료가 없는 것이 사실이다. 있다고 하더라도 왕명상(王明祥)이라는 대만인이 쓴 것을 번역한 『대만차의 이해』라는 것이 유일했다.

그러나 이 책은 「대만차의 역사와 문화」에 목적을 두고 쓰여진 것이 아니었다. 주된 내용이 차나무의 품종, 찻잎에 함유되어있는 성분과 향미, 그리고 제다와 음다, 그리고 도구 사용법, 보관법 등을 상세하게 설명해놓은 것이었다.[1] 그야말로 대만에 어떤 차나무와 어떤 종류의 차가 있으며, 그것을 어떻게 마시는 것인지에 대해 알고자 하는 사람들에게는 크게 도움이 되는 책이지만, 나처럼 차를 통한 대만의 역사와 문화를 보려고 하는 사람들에게는 그다지 도움이 되지 않는 아쉬움이 많은 책이었다.

그리고 학회지에 게재된 연구논문 또한 빈약하기 짝이 없었다. 그렇다고 전혀 없는 것은 아니다. 그 예로 김정운외 7명이 97년 11월24일부터 97년 11월29일까지 대만 현지조사를 통하여 차의 재배와 이용실태를 파악하고 있으며,[2] 2016년에 최성희는 일반적으로 인도 아쌈 혹

---

1   왕명상(2021) 『대만차의 이해』 한국티소믈리에연구원, pp.19-249.
2   김정운외 7인(1998) 「대만의 차 재배 및 이용실태」 『한국차학회지』(4-2), 한국차
    학회, pp.93-104.

은 실론 홍차가 탕색이 진한데 반해 탕색이 진하지 않으며 특유의 향미를 보유하고 있는 3종류의 대만 홍차류인 밀향(蜜香) 홍차, 홍옥(紅玉)홍차 및 일반홍차에 관해 차의 품질에 중요한 휘발성 향기성분을 비교분석했다.[3] 이같이 학회지에서도 대만차의 역사와 문화는 없었다.

그러나 차란 그 자체로는 존재할 수 없다. 그 가치는 마시는 사람이 있어야 발휘가 되는 법이다. 그러므로 차 그 자체도 중요하지만, 그것을 마시는 사람도 그에 못지않게 중요하다. 그것을 선택한 것도 사람이기 때문이다. 차에는 수많은 사람들의 이야기가 있다. 그러므로 차에서 인문학을 배제하고 논의할 수 없다고 본다.

대만차에는 대만인들의 이야기가 있고, 또 대만차를 좋아한 세계인들의 이야기가 있다. 그것들은 고스란히 대만차의 역사와 문화 속에 녹아있다. 이를 차치하고서 차만 바라본다는 것은 달을 가리키는 손가락을 보고, 달을 보지 않는 셋과 같다. 차는 과학기술이 낳은 것이기도 하지만, 인간을 다루는 인문과학의 산물이기도 하다. 인문학도인 나는 이 점을 중시하고 싶다. 따라서 대만차를 인문학적 관점으로 접근하려고 한다.

오늘날 현대사회는 인터넷으로 전 세계가 연결되어 있다. 그러므로 우리는 언제 어디에서나 공개된 정보를 공유할 수 있는 편리한 현실에서 살고 있다. 다행히 우리 주위에는 대만차를 인문학적으로 접근한 글들이 인터넷을 통하여 조각처럼 여기저기 흩어져 있다. 이러한 것들도 소중하다. 그러므로 일차적으로 이러한 것들을 주워 담고, 정리하

---

[3] 최성희(2016) 「대만산 홍차류의 휘발성 향기성분」 『한국차학회지』(22-1), 한국차학회, p.47.

며, 그 내용들을 검증을 할 필요가 있다. 그리고 그것과 관련된 공적인 자료들을 최대한 수집하여, 이를 통해 대만차의 역사와 문화를 보고자 하는 것이 본서의 목적이다.

그러나 현재 수많은 종류의 차들을 다룬다는 것은 능력의 한계도 있지만, 그것만으로 본질을 보지 못한다. 따라서 대만차를 성격과 특성에 따라 분류를 할 필요가 있다. 앞에서 잠시 언급한 왕명상은 녹차류, 오룡차류, 홍차류로 크게 세 가지로 나누었다. 그에 대한 기준근거를 밝히지 않아 알 수 없으나, 아마도 발효도를 기준으로 삼았을 것으로 생각된다. 왜냐하면 녹차는 발효가 멈춘 상태이고, 오룡차는 부분 산화가 이루어진 것이기에 반발효차라고 분류되는 것들이다. 그에 비해 홍차는 100% 완전 발효된 차를 가리키는 말이기 때문이다. 만일 그렇다면 이러한 분류는 객관적 근거가 기준이 적용된 것이어서 타당성이 있다고 본다.

물론 대만차에는 여기에 속하지 않은 것들도 있다. 백차와 꽃차가 그것들이다. 그 중 꽃차는 기본적으로 꽃으로 만든 차이므로 어느 것이나 해당된다. 우리에게 가장 많이 알려진 것은 쟈스민차(茉莉花茶)이다. 그 밖에도 국화차, 계화차, 그리고 장미차도 있을 수 있다. 이처럼 먹고 마실 수 있는 것이라면 어떤 꽃이라도 이용이 가능하기 때문에 그 범위는 무한정으로 늘어날 것이다. 그러므로 이러한 것들을 다룬다는 것은 우리의 목표도 아니거니와 범주에서 많이 벗어난다. 그리하여 본고에서는 이러한 것들은 제외하기로 한다. 찻잎이 아닌 것으로 만든 차를 「차외지차(茶外之茶)」라 하여 6대차 분류에서 제외한 학문적 권위에 따른 것이 결코 아님을 밝혀둔다.

그에 비해 백차란 솜털이 덮인 어린 찻잎을 따서 시들키기(위조)한 후, 불에 덖어주거나(살청), 손으로 비벼주는 과정(유념)을 거치지 않고 그대로 건조시켜 만든 차를 말한다. 즉, 생산과정에서 많은 과정을 거치지 않아 가장 자연에 가까운 차라고 정평이 나 있다. 그러므로 발효도로 본다면 약 10%전후의 매우 낮은 약발효차라 할 수 있다. 대만에서는 백차를 감기 해열제로 사용한다고도 한다.[4] 대만의 백차는 90년대 실험을 거쳐 최근 주목을 받고 있는 것은 사실이다. 그러나 그 수량이 극히 적고, 기준이 확립되어 있지 않아, 이것을 통해 대만차의 역사와 문화를 이해하는 수단으로 보기에는 합당하지 않다. 그리하여 이것 또한 본고에서는 제외시켰다.

이같은 배경에서 본서는 발효도를 기준으로 불발효차를 녹차, 완전 발효차를 홍차, 그 사이에 있는 부분발효차를 청차로 구분 짓고 그것을 통하여 대만차의 역사와 문화를 살펴본 것이다.

끝으로 대만의 현시조사 때 마디 많은 사람들로부터 도움을 받았다. 이 분들이 없었다면 이 책은 완성되지 못하였을 것이다. 용화과기대학(龍華科技大學) 송수환(宋秀環)교수, 대만 중앙연구원(中央研究院) 민족학연구소의 여순덕(余舜德)교수, 정의대학(靜宜大學)의 장수신(張修愼)교수, 그리고 타이페이에 사는 장서총(張書聰)선생에게 깊은 감사의 인사를 드린다.

---

4 조규대(2019) 「마시는 교양, 차(茶) 이야기 2(백차)」 『헬스컨슈머』, 2019.10.02., http://www.healthumer.com.

목차

11

제1장

대만차의 기원

1. 대만차의 기원은?

대만은 민족지적으로 보면 매우 복잡하다. 대만에는 중국 대륙에서 사람들이 이주하기 전부터 거주하고 있었던 선주민들이 있었다. 이를 흔히 원주민이라 한다. 인구가 약 55만을 상회하고 있다. 과거에는 이들은 언어로는 말레이, 폴리네시아어족에 속하고, 문화적으로는 필리핀, 말레시아, 마다카스카르 등에 통하는 문화를 가진 민족이다. 현재 정부가 인정하는 것만 해도 무릇 16개의 소수민족들이 있다. 미인정의 민족까지 포함하면 그 숫자는 더욱더 늘어날 것이다.

이러한 대만에 17세기경부터 현대에 이르기까지 수많은 한족들이 고향을 떠나 대만으로 이주하여 자리를 잡고 살고 있다. 이들은 이른바 한족들이다. 이들 한족 사회에도 크게 나누어 대만인이 있고, 대륙인이 있다. 그 중 대만인은 내성인(內省人)이라고도 하는데, 복건인(福建人)과 객가인(客家人)이 그 주류를 이룬다. 이들 중 객가인들은 광동성에서 건너 간 사람들이었다. 이들은 언어 소통이 되지 않을 정도로 서로 독자적인 문화를 가지고 있었다. 그리고 대륙인은 1949년을 전후로 국민당 정부와 함께 이주한 사람들을 가리키며, 이들을 외성인(外省人)이라고도 한다. 이같이 대만은 다민족 국가이다.

그렇다면 대만에는 어떠한 차나무가 있을까? 차나무들도 대만인들처럼 다양한 색깔의 다문화를 이루고 있는 것일까?

15

2. 대만의 자생차

대만에는 차가 언제부터 있었는지 정확히 모른다. 그러나 외부의 영향과 무관하게 자생하는 토종차가 있었다. 기록상으로 보는 대만차에 대한 최초의 기록은 1645년 바타비아총독에 의한 『바타비아성(城)일지(日誌)』이다. 그것에 의하면 다음과 같은 대목이 있다.

> 차나무는 포르모사(대만)에도 발견된다. 이것은 또한 토질과 관련된 것으로 생각이 된다.[1]

이 기록을 보더라도 대만에는 재래종 차나무가 자라고 있었다. 이 것은 차밭에서 자라나는 재배차가 아닌 산에서 자라는 야생차이다. 그에 관한 기록이 1717년에 주종선(周鍾瑄: 1671~1763)이 편찬한 『제라현지(諸羅縣志)』(10권)의 「물산지(物産志)」에 대만의 야생차에 대해 다음과 같은 내용이 서술되어있다.

> 『다경』에 차는 남방에서 생장하는 수목이며, 북쪽에는 보이지 않는다. 수사련(水沙連)의 깊은 산속에 한 종류의 차가 있으며, 특징적인 맛을 가지고 있는데, 열사병에 효과가 있다고 한다(茶經: 茶者、南方嘉木、北路無種者。水沙連山中、有一種、味別、能消暑瘴).[2]

---

1   村上直次郎訳注・中村孝志校注(1972)『バタヴィア城日誌』(巻2), 平凡社, p.339.
2   周鍾瑄(1962)『諸羅縣志』臺灣文獻叢刊 第141種, 臺灣銀行, p.194.

여기서 수사련이란 오늘날 중남부 남투현(南投縣)에 있는 일월담호(日月潭湖)를 가리킨다. 그것의 옛 이름이 수사련이다.[3] 여기에서 보듯이 대만에는 야생차가 수사련(水沙連)의 산속에서 자라고 있었다. 이곳에서 자생하는 야생 산차를 무더운 여름에 발생하는 열사병 치료제로서 인식했다. 그에 관한 기록이 같은 책 12권의 「잡기지(雜記志)·외기(外紀)」에도 다음과 같이 나타난다.

> 수사련에는 야생차(산차)가 많이 나온다. …(중략)… 산길이 험하고 말이 통하지 않는 원주민(生番)들이 두려워 한인(대륙인)들이 감히 들어가 따지 못했고, 또 차를 만드는 방법을 몰랐다. 만일 무이차를 잘 만드는 사람으로 하여금 원주민들이 따온 차를 만들면, 향과 맛이 풍부한 차가 만들어질 것이다(水沙連內山茶甚夥、…(中略)…然路險又畏生番、故漢人不敢入採、又不諳製茶之法。若挾能製武夷諸品者、購土番採而造之、當香味益上矣)[4]

이상의 내용에서 보듯이 대만에서 자생하는 산차가 있다는 것을 알면서도 그것을 차로 만드는 법을 몰랐다. 그것에 대한 아쉬움을 남긴 문장이다. 그러나 1722년 초대(初代) 순시대만감찰어사(巡視臺灣監察御史)인 황숙경(黃淑璥: 1682~1758)이 편찬한 『대해사차록(臺海使槎錄) (23)』(3권) 「적감필담(赤崁筆談)·물산(物産)」에는 야생차를 제다하였다는 기록이 있다.[5] 그 내용을 소개하면 다음과 같다.

---

3 왕명상(2021) 『대만차의 이해』 한국티소믈리에연구원, p.37
4 周鍾瑄(1962) 『諸羅縣志』 臺灣文獻叢刊 第141種, 臺灣銀行, p.295.
5 黃淑璥(1957) 『臺海使槎錄』(卷3), 臺灣文獻叢刊 第4種, 臺灣銀行, p.63.

수사련의 차는 깊은 산에 있다. 그곳의 나무들이 하늘을 덮듯이 무성히 우거져 있고, 안개와 이슬도 짙고, 새벽과 저녁에도 햇빛이 없을 정도로 어두 컴컴하다. 색은 송라(松蘿)와 닮아있고, 성질은 극한이어서 열증(열사병)에 매우 효과가 좋다. 매년 통역을 통해 원주민들과 상의하여 산에 들어가 차를 만들었다.[6]

이처럼 대만의 야생차는 다른 차와 달리 음료용이 아니었다. 여름의 열사병을 치료하기 위해 약용으로 한족들이 차를 만들어 마셨던 것이다. 이러한 기록들에서 보듯이 대만에는 자생하는 산차가 있었다. 그러나 원주민들은 이용을 하지 않았다. 그러던 것을 새롭게 이주한 한족들이 열사병 치료제로서 이용하고 있었음을 알 수 있다.

일본의 하시모토 미노루(橋本實)의 보고에 의하면 대만의 자생차는 대만 중부에서 이남의 신간에 분포되어 있으며, 중국계(Camellia sinensis Var Sinensis)와는 확연히 다르며, 교목성이며, 잎도 15cm 내외의 대형이라고 한다.[7] 그리하여 학명도 Camellia sinensis Var Formo-sensis로 표기하여 중국의 것과 달리한다.

이같이 대만에는 야생차가 있음에도 불구하고 차로 이용되지 않았다. 원주민들은 그것을 몰랐다. 이들에게 차문화가 있었다는 자료는 없다. 따라서 대만의 차문화가 이들로부터 출발했다고 할 수 없다.

---

6 『臺海使槎錄』(卷3): 水沙連茶在深山中、眾木蔽虧、霧露濛密、晨曦晚照總不能及。色綠如松蘿、性極寒、療熱症最效。每年通事於各蕃議明、入山焙製.
7 松下智(1971)「台湾の茶」『茶業研究報告』日本茶業技術協会, p.55.

3. 대만의 외래종차

대만의 차 역사는 한족의 대만 이민사와도 닮아있다고 해도 과언이 아니다. 왜냐하면 중국의 것이 대만으로 옮겨짐으로써 시작되기 때문이다. 일본의 다케오 타다카즈(竹尾忠一)에 의하면 『대만차사(臺灣茶史)』에 「1620년경 아모이의 주민들이 대만에 이주하였는데, 이들은 즐겨 차를 마셨다」는 구전이 기록되어 있다고 한다.[8] 그가 말하는 『대만차사』가 어떤 자료인지 알 수 없으나, 그것이 사실이라면 그 기록은 초기 대만인들의 음다생활을 나타낸 것임에는 틀림없다.

대만은 16세기부터 17세기에 걸쳐 네덜란드, 포르투갈, 스페인 등에 의해 대거 점유당한 적이 있다. 그리고 1662년부터는 정성공(鄭成功)이 네덜란드를 몰아내고 타이난(台南)을 거점으로 대만을 지배하기 시작했다. 흔히 정씨왕조시기라는 것이 바로 이것이다. 이들은 복건의 천주 출신이며, 명나라 후예라고 자처했다. 아마도 이 시기에 복건인들이 대거 대만으로 이주했다.

이들은 대만의 자생차가 있었음에도 고향으로부터 차묘목을 가지고 갔다. 그것과 관련한 흥미로운 전승이 연횡(連橫)의 『대만통사(臺灣通史)』에 다음과 같이 서술되어있는데, 그 내용을 소개하면 다음과 같다.[9]

타이베이에서 차생산의 역사는 약 백년 가까이 된다. 가경연간(嘉慶年間: 1760~1820)에 복건 출신 가조(柯朝)라는 자에 의해 처음으로 무이차(武

---

[8] 竹尾忠一(2001)「包種茶史」『茶年報』(91), 茶業研究報告, p.2
[9] 連橫(1962)『臺灣通史』臺灣文獻叢刊 第13種, 臺灣銀行, p.654.

夷茶)를 타이베이에 이식하고, 수확이 좋았다. 그리하여 차종(茶種) 2두 (斗)를 심었더니 수확의 결과도 좋고, 그리고 서로 전하여 차재배가 퍼져 갔다. 그러나 타이베이는 비가 많고 1년에 4작이 가능하나, 그 중에서도 특히 봄과 여름에 생산이 잘된다. 산지는 담수(淡水)의 석정보(石碇堡)와 문산보(文山堡)에서 생산된 것이 좋고, 그 다음이 팔리차보(八里岔堡)이 다. 그리고 신죽(新竹)에도 포차(埔茶)라는 차가 생산되었는데, 색과 향 은 비교가 되지 않아 가격이 샀다.[10]

여기서 보듯이 대만의 오룡차는 18세기말 가조라는 상인이 복건의 무이산에서 대만북부에 차의 묘목을 심은 것에서 출발한다고 한다. 그 러나 『대만통사』는 1918년에 성립된 것이어서 1차적 자료가 아니며, 또 가조라는 인물이 대만차의 차 역사에서 매우 소중한 인물임에도 불 구하고 가경연간부터 『대만통사』가 완성되는 1918년까지 그에 대한 기록이 전혀 보이지 않는다. 그러므로 그 기사를 전적으로 신뢰하기 어려운 부분이 있는 것은 사실이다. 그러나 많은 복건인들이 대만에 이주하였다는 점을 감안한다면 대만차의 기원은 중국의 복건에 있다 고 보는 것이 타당하다.

그러나 전승의 세계에서는 다르다. 또 하나의 유명한 차전래 전설 은 임봉지(林鳳池: 1819~1867)에 관한 이야기이다. 여기에 대해 이다현,[11]

---

10 「臺北産茶約近百年。嘉慶時有柯朝者、歸自福建。始以武彝之茶、植於□魚 坑、發育甚佳。既以茶子二斗播之、收成亦豐、遂相傳植。蓋以臺北之地多 雨、一年可收四季、春夏為盛。茶之佳者、為淡水之石碇文山二堡。次為八里 岔堡。而至新竹者、曰埔茶、色味較遜、價亦下」.
11 이다현(2009) 「청차의 명차(1) 동정오룡차(凍頂烏龍茶)」『불교저널』, 2009.12.08., http://www.buddhismjournal.com.

그림 1 임봉지(林鳳池: 1819~1867)

권남석 등은 임봉지라는 선비가 복건성에 가서 과거 시험을 치르고 선
조들이 살던 무이산(武夷山)에 들러 차나무를 선물로 받아 돌아온 뒤 집
주변에 심은 것이 동정오룡차의 원조가 되었다고 했다.[12] 그에 비해
어느 블로그에서는 그것보다 훨씬 더 자세히 다음과 같이 소개하
고 있다.

19세기 중엽 남투현(南投縣) 녹곡향(鹿谷鄉)에 부지런하고 학문을 좋
아하는 임봉지라는 청년이 있었다. 그는 매우 박학하고 신체가 건장하
며 뜻이 강했으며 조국애가 넘치는 그런 젊은이였다. 어느 해 복건성
에서 과거를 본다는 소문을 듣고 자기도 한번 응시해 보려고 하였지만

---

12 권남석(2022)「세계차밭기행 Ⅱ2_대만 서요량다원」『월간 금강』, 2022.03.03.,
    https://www.ggbn.co.kr 〉 news 〉 articleView_Dana.

그림 2 남투현(南投縣) 임봉지거인묘(林鳳池擧人墓)

집이 가난하여 노자가 없어서 갈 수가 없었다. 평소 임봉지가 사람됨이 정직하고 학식이 깊으며 시기(志氣)가 강하고 포부가 커서 좋아하던 마을 사람들은 그가 과거를 보려는 뜻이 있음을 알자 약속이나 한 듯 모두 그의 집으로 달려 왔다. 그리고는 "봉지야, 네가 과거시험을 보려고 하는 것은 좋은 일이야. 가거라, 어떤 어려움이 있으면 우리가 도울 테니까 걱정 말고 떠날 차비나 잘 하거라."라고 했다.

마을 사람들은 십시일반으로 자기 주머니를 털어 임봉지에게 넉넉한 여비를 준비하여 주었다. 삼일째 되는 날, 마을 사람들은 바닷가까지 그를 배웅하면서 다시 한 번 부탁하였다. "무사히 다녀 오너라, 몸조심하고", "과거 결과가 어떻든 간에 꼭 돌아와야 한다", "고향과 마을 사람들을 잊어서는 안 된다. 우리는 네가 돌아오기를 손꼽아 기다리마." 그는 고향 사람들에게 감동하여 한없는 눈물을 흘리면서, 속으로는 반드시 고향 사람들을 위해 합격하리라 결심했다.

얼마 뒤 임봉지는 과연 장원급제하여 높은 관직에서 일하게 되었고, 대만에 돌아가 고향 사람들을 만나보려고 하였다. 대만으로 돌아가기 전 그는 동료와 함께 무이산을 유람하게 됐다. 무이산의 경치는 천하의 제일로 산봉우리 봉우리가 절경이 아닌 곳이 없었으며, 기암괴석들 사이로 수많은 차나무들이 자라고 있었다. 이들 나뭇가지의 여린 찻잎들이 모두 오룡차인데, 이런 여린 잎으로 차를 만들어 마시면 향기가 짙고 맛이 개운하여, 오래 마시면 눈이 밝아지고 정신이 맑아질 뿐 아니라 위장병, 이뇨작용 및 몸을 튼튼하게 하는 효험이 있다는 얘기를 들었다.

임봉지는 이것을 대만에 가지고 갈 생각을 하고, 그곳의 차농에게서 차나무 묘목 36그루를 사서, 흙에 잘 감싼 뒤 대만으로 가지고 갔다. 마을 사람들은 그가 금의환향하자 매우 기뻐하였으며, 더구나 차의 묘목까지 가져온 것을 보고 흥분을 금치 못했다. 그래서 경험이 많은 농부들을 뽑아 그 36그루의 묘목을 부근에서 가장 높은 동정산에 심고 정성을 다해 관리하게 하였다. 게다가 대만은 기후가 따뜻하니, 얼마 지나지 않아 묘목은 각 그루 마다 푸른 빛 윤기가 나는 여린 싹이 돋았다. 그리고 임봉지가 가르쳐준 방법에 따라 찻잎을 따서 제다하여 오룡차를 만들게 되었다. 이 차는 기이하게도 산 위에서 제다를 해도 산 아래에서 맑은 향을 맡게 될 뿐만 아니라, 그 향이 입에서 자연스럽게 넘어간다. 맛도 순하고 달아서 독특한 풍격을 지니고 있다.[13]

---

13 「중국, 대만의 차문화 / 대만의 차와 역사」, http://m.blog.naver.com 〉 rheemh.

그림 3 임봉지의 생가

　이상의 이야기를 종합하면 19세기 중엽 녹곡 출신 임봉지가 지역민들의 도움을 받아 복신에 가서 과거에 급제하고, 그 보답으로 36그루 차 묘종을 가지고 와서 주변에 심은 것이 이 지역의 오룡차 출발이라는 이야기이다. 박희준은 좀더 세부적으로 보아 임봉지를 도와준 사람이 친척 임삼현이라 하고, 그가 가지고 온 36그루 중 12그루를 녹곡의 동정산에 살던 임삼현에게 주었는데, 그것이 자라나서 오늘의 동정오룡이 되었다는 전승도 있다고 소개한 적이 있다.[14]

　그러나 이 이야기는 현재 대만에서 거의 부정당하고 있다. 녹곡의 향토사가인 임헌당(林獻堂)씨의 말을 빌리면 「그가 실존 인물인 것은 사실이나, 그는 대만이 아닌 대륙의 톈진(天津)에서 사망하였으며, 실제로 차묘종을 가지고 귀향하였는지 기록으로 확인되지 않는다」고 한다.[15]

14　박희준(2003) 『차 한잔』 계문사, pp.285-286.

이같이 임봉지의 차나무 전래설은 전승의 세계에서는 존재하나, 역사 기록상으로는 존재하지 않는 것이기에 신뢰성이 담보되지 않는다. 그러나 대만차의 기원이 복건에 있다는 것이 부정되지 않는다.

초대 미국 주 포르모사 영사를 지낸 제임스 데이빗슨(James W. Davidson)도 대만차에 대해 언급한 바 있다. 즉, 그가 쓴 『The Island of Formosa, Past and Present』(34)의 「The Formosa Tea Industry」에 의하면 대만의 차는 스코틀랜드 출신 영국 상인 존 닷드(John Dodd)의 활약이 크다고 했다.

그 내용을 대략 정리하면 1865년에 존 닷드가 통역인 이춘생과 함께 대만의 산림을 탐험하였는데, 그 때 야생 차나무를 발견하고 대만이 차재배지로서 적합하다고 판단했다. 그 후 5년간 「아모이」의 「안코이」라는 곳에서 차나무를 대거 가져와 대만 북부에 심고서 복주(福州)에서 오룡차의 제다기술을 도입하여 1869년에는 제다공장을 타이베이에 세워 차를 생산하여 세계로 수출했다는 것이다.[16] 여기서 안코이란 아마도 복건의 안계(安溪)로 추정된다. 이와 같이 대만차의 역사는 복건

15　須賀努(2017)「知られざる凍頂烏龍茶の歴史」『交流』(918), 日本台湾交流協会, p.12.

16　원문을 소개하면 다음과 같다. 「John Dodd,who had established himself in the island the year before made, in 1865, inquiries among the Tamsui farmers as to the possibilities of the trade. The next year some purchases were made, some Tea plant slips were brought from Ankoi in the Amoy district, and loans were made to the farmers to induce them to increase the production. Kosing, a Chinese who had arrived from Amoy in the interests of Tait & Co., shipped a few packages in 1867, and John Dodd made a ship-ment to Ma cao, which brought good prices. Satisfied with the prospect he commenced Tea firing in Banka. Previous to 1867, the unfired leaf had been sent to Amoy in baskets to be fired there, but from 1868 onwards the total export was prepared for shipment direct to foreign lands, by skilled Chinese workmen brought from Amoy and Foochow」

에서 이주한 외래종으로부터 출발한다.

그 이후에도 복건에서 차나무가 계속 전해졌다. 그 중 하나가 목책
철관음(木柵鉄觀音)이다. 이것은 장내묘(張迺妙)에 의해 전래되었다, 그
는 복건성 안계 출신이다. 그는 어릴 때부터 유명한 제다사 밑에서 차
의 재배 및 제조기술을 배웠다. 1895년 그의 나이 20세 때 새 희망을
품고, 편도의 배편만을 가지고 바다를 건너 대만으로 갔다.

그가 처음 본 대만의 차밭은 종류가 다양한 차나무가 잡다하게 심어
져 있었고, 품질도 좋지 않았다. 그리하여 그는 먼저 자신의 고향과 환
경이 닮은 장소를 물색하고, 흙과 햇볕, 물, 바람, 안개의 발생 등을 관
찰한 후, 처음에는 신점(新店)에서, 그 후 산 하나를 넘어 현재 목책(木柵)
으로 옮겨 차밭을 일구며, 차를 만들었다고 한다.

한편 차나무의 이주는 중국 복건에서만 이루어지는 것이 아니다.
1925년 대만총녹부의 주관허에 인도 앗쌈종이 도입된 이래 1933년에
는 대만인에 의해 태국의 차나무가 대만으로 이주하게 되는 사건이 있
었다. 사건의 주인공은 동경제국대학을 졸업한 에리트 출신 대만인 곽
소삼(郭少三)이다. 그는 대만의 동방홍차(東方紅茶)의 창업자이다.

그는 일찍이 홍차산업에 관심을 가지고 총독부가 대만에 도입한 앗
쌈종과는 다른 품종을 찾기 위해 1933년 단신으로 태국의 치앙마이로
건너가 산중을 헤매다가 병에 걸려 일시 귀국했다. 그러나 다시 재도
전하여 산중에서 1개월 정도 보내며, 드디어 홍차 제조에 적합한 품종,
샨종(SHAN種=앗쌈種)을 발견하고, 대만으로 가지고 귀국했다. 샨종이
란 앗쌈의 아종(亜種)이라고 생각되나, 대만에서는 독자적인 품종으
로 분류되고 있다.[17] 이를 샨이라고 한 것은 현지 주민들이 곽씨가 발견

한 나무를 가리켜 「SHAN」이라고 불렀기 때문에 붙여진 이름이었다.

이처럼 대만의 차나무는 복건과 인도, 그리고 태국에서 이주한 외래종들이 점차 주류를 형성했다. 마치 대만의 원주민들이 있음에도 불구하고, 외부에서 들어간 중국 복건인들이 주류를 이루는 대만사회와도 닮아있다.

4. 순혈과 혼혈의 품종

야생에서 자라나는 차나무는 씨앗을 퍼뜨려서 자손을 번식한다. 이를 이러한 찻잎을 따서 만든 차를 대만에서는 「시차(蒔茶)」라 한다. 이를 확보하여 만든 품종이 있다. 그것이 바로 사계춘(四季春)이다. 이는 1946년 목책(木柵)지구의 차농인 장문휘(張文輝)가 자신의 차밭에서 특이한 차나무를 발견한 것이다. 그는 철관음을 도입하여 목책철관음의 시조가 된 장내묘(張迺妙)의 손자이다. 그리고 그의 부친 장가성(張佳成)도 차농이었다. 이러한 가정 속에서 자라난 그가 잡초가 우거진 덤불 속에서 다른 차나무와 확연히 다른 사계춘을 알아보았던 것이다.

이 품종은 추위와 병충해에도 강하고, 맛도 좋다. 그리고 새싹이 일찍 발아할 뿐만 아니라 찻잎의 수확량도 봄차 만큼 왕성할 뿐만 아니라, 1년에 6~8회 수확이 가능한 우수한 품종이다. 그리하여 차농들이 선호하여 많은 지역에서 재배되고 있다.

그러한 특성 때문에 오히려 저가로 평가되는 경향이 있다. 더구나

---

17 須賀努(2017)「埔里の紅茶工場」『交流』(913), 日本台湾交流協会, p.9.

중국과 베트남에서 수입되는 차가 「사계춘」으로 판매되기도 하여, 질이 나쁜 차라는 이미지가 있다. 그 결과 고가의 고품질을 지향하는 차농들은 이를 피하는 경우도 없지 않다. 이같이 대만 자생차의 장점을 살린 순혈의 품종도 있다.

대만은 일본통치시기부터 새로운 품종의 차나무를 육성했다. 초기에는 청심오룡(靑心烏龍), 청심대유(靑心大冇), 대엽오룡(大葉烏龍), 경지홍심(硬枝紅心)이라는 네 품종이 새로운 품종을 개발하기 위해 사용되었다. 2018년까지 총 23개 품종을 개발하였는데, 이 품종들은 「台茶 1號」에서 「台茶 23號」까지 일련 번호가 매겨져 있다.[18]

초기에는 이들 네 품종이 서로 결합하여 새 품종을 만들어 내었다. 즉, 차나무 사회에서 중국계들의 결혼이었다. 그러나 60년대 말이 되면 크게 변화되어 중국계가 아닌 다른 지역의 것과 과감히 결합하여 혼혈의 새 품종들이 대거 쏟아졌다.

그 중에서 가장 많은 것이 인도계와 중국계의 결합이다. 1969년에 명명된 품종이 4개나 되는데, 「台茶 1號」는 인도 대엽종 Kyang과 청심대유, 「台茶 2號」는 인도 대엽종 Jaipuri와 대엽오룡, 그리고 「台茶 3號」과 「台茶 4號」는 인도 대엽종 Manipuri와 홍심대유(紅心大冇)와 각각 결합하여 탄생한 것들이다.

1975년에는 녹차와 홍차용으로 개발된 것들이 많은데, 「台茶 9號」는 인도대엽종 Kyang과 홍심대유, 「台茶 10號」는 인도대엽종 Jaipuri와 황감(黃柑), 「台茶 10號」는 인도대엽종 Jaipuri와 대엽오룡과의 결합체이다.

18　왕명상(2021) 『대만차의 이해』 한국티소믈리에연구원, p.36.

28

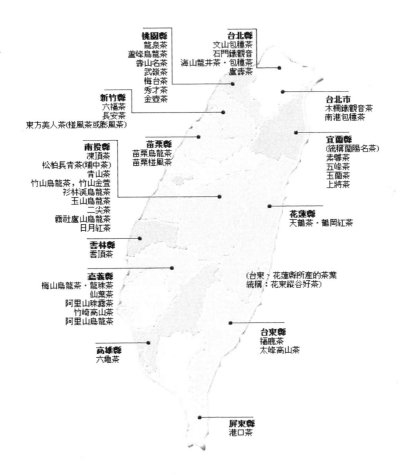

桃園縣
龍泉茶
蘆峰烏龍茶
壽山名茶
武領茶
梅台茶
秀才茶
金萱茶

台北縣
文山包種茶
石門鐵觀音
海山龍井茶・包種茶
蘆壽茶

台北市
木柵鐵觀音茶
南港包種茶

新竹縣
六福茶
長安茶
東方美人茶(椪風茶或膨風茶)

宜蘭縣
(統稱蘭陽名茶)
素馨茶
五峰茶
玉蘭茶
上將茶

南投縣
凍頂茶
松柏長青茶(埔中茶)
青山茶
竹山烏龍茶，竹山金萱
衫林溪烏龍茶
玉山烏龍茶
二尖茶
霧社蘆山烏龍茶
日月紅茶

苗栗縣
苗栗烏龍茶
苗栗椪風茶

花蓮縣
天鶴茶・鶴岡紅茶

雲林縣
雲頂茶

嘉義縣
梅山烏龍茶・龍珠茶
仙葉茶
阿里山珠露茶
竹崎高山茶
阿里山烏龍茶

(台東，花蓮縣所産的茶葉
統稱：花東縱谷好茶)

高雄縣
六龜茶

台東縣
福鹿茶
太峰高山茶

屏東縣
港口茶

그림 4 대만의 주요 차 생산지와 종류

이상의 것들은 모두 인도계를 부계로, 중국계를 모계로 삼은 것들이
다. 그에 비해 2008년에 홍차용으로 개발된 「台茶 21號」(紅韻)은 부계로
기문(祁門) Kimen을, 모계를 인도 Kyang으로 하여 만들어낸 것도 있다.
1999년 홍차의 품종으로 개발된 「台茶 18號」(紅玉)은 대만의 야생 차
나무 B-607를 부계로, 미얀마의 면전대엽종(緬甸大葉種) Burma(B-729)

를 모계로 하여 탄생했다. 이처럼 인도계와 중국계가 만나 새로운 품종들이 대거 탄생했다.

한편 외국의 품종을 대만에 이식시킨 것도 있다. 이러한 작업은 홍차품종으로 1973년에 개발이 이루어진 것인데, 그 대표적인 예가 「台茶7號」와 「台茶8號」이다. 전자는 태국의 대엽종 Shan을 단주선발(單株選拔)로 정착시킨 것이고, 후자는 인도대엽종 Jaipuri를 단주선발로 정착시킨 것이다.

이처럼 대만의 차나무는 수요자의 입맛에 따라 서로 합종연횡하여 새로운 품종들이 탄생하여 다양한 이름과 종류의 제품이 제작 판매되고 있다. 다시 말해 대만의 차나무 사회에는 농학자들에 의해 일찍부터 다문화 가정을 이루고 있다고 해도 과언이 아니다.

제2장

대만녹차의 기원과 역사

1. 대만에서 녹차란?

대만인들은 녹차를 그다지 좋아하지 않는다. 그럼에도 녹차를 생산하고 있다. 녹차란 문자 그대로 「녹색의 차」라고 생각하기 쉬우나, 사실은 그 색깔보다도 발효가 정지된 불발효차(不発酵茶)를 말한다. 발효도로 차를 구분하고 있는 것이다. 찻잎은 따는 순간부터 조금씩 산화되어간다. 그 때 열을 가해 산화작용을 중지시키는 살청(殺靑)이라는 공정을 통해 녹차가 완성되기 때문에 찻잎의 본래 색에 가까운 녹색이 된다. 그러므로 우리는 그 것을 녹차라 하는 것이다.

그런데 이러한 녹차가 대만에서는 좀처럼 발견되지 않는다. 우리에게 대만차로서 잘 알려져 있는 「동방미인(東方美人)」, 「동정오룡(凍頂烏龍)」, 「문산포종(文山包種)」, 「철관음(鉄観音)」은 반발효차(오룡차)이며, 「일월담홍차(日月潭紅茶)」은 완전발효차(홍차)이다. 이처럼 불발효차인 녹차가 눈에 띄지 않는다. 그렇다면 대만에는 녹차가 없는 것일까?

그렇지 않다. 대만에도 녹차가 있다. 그에 대한 관심이 적고 연구도 거의 없으며, 또 우리에게 대만의 녹차가 거의 알려져 있지 않아 그러한 생각이 들지 모르겠으나, 대만에도 녹차가 분명히 있었다. 국내에서 그것에 대한 소개를 유일하게 왕명상이 하고 있다. 그는 대만의 녹차로서 삼협지역에서 생산되는 벽라춘을 소개했다.

그의 말을 빌리면 삼협벽라춘은 청심감자 품종을 이용하여 만드는데, 그 품종은 제2차 아편전쟁 이후 담수강 하구에서 상류인 삼협차구의 산비탈에 수많은 차나무들을 심었고, 1945년 대만이 광복한 이후 녹차를 생산하기 시작했는데, 그 맛이 향기가 깊고 고소하며, 맛도 시

원하고 감미로운 것이 중국 고전의 녹차 벽라춘을 연상시킨다고 하여 그러한 이름이 붙여졌다고 했다.[1]

이 말이 사실이라면 대만의 녹차산업은 오랜 역사성을 가지고 있지 않은 것 같다. 그러나 그것을 바탕으로 대만의 녹차산업을 역사인문학적 관점으로 본다면 그것이 언제 어떤 계기로 어디에서 시작되었으며, 생산은 삼협에서만 이루어졌으며, 어떠한 역사적 과정을 거쳐 오늘에 이르고 있는 것일까 하는 문제를 제기하지 않을 수 없다. 그러나 이 문제는 왕명상의 설명으로는 충분한 대답을 얻을 수 없다. 그리하여 본 장에서는 이상에서 제기된 문제를 중심으로 대만의 녹차산업에 대해 역사적인 관점에서 살펴보고자 하는 것이다.

2. 녹차의 발상지는 묘율

대만의 차업계(茶業界)에서는「도(桃)·죽(竹)·묘(苗)」라는 말이 있다. 이것은 도원(桃園)·신죽(新竹)·묘율(苗栗)을 가리키는 말로, 동방 미인이라는 차를 생산하는 곳이라는 뜻이기도 하다. 이곳은 중국 광동성(広東省)에서 건너온 객가인(客家人)[2]들이 많이 거주하는 곳이기도 하

---

1 왕명상(2021)『대만차의 이해』한국티소믈리에연구원, pp.144-145.
2 원칙적으로는 한족(漢族)이다. 그 기원은 華夏族을 포함한 古代中国의 中原 또는 中国東北部 왕족의 후예인 경우가 많다. 역사상 전란을 피해 중원에서 남으로 이동과 정주를 반복했다. 선주민들의 입장에서 보면 그들은 외지인이기에 「客家」라 불렸으며, 상호간에 갈등도 많았다. 이러한 다툼을 「土客械鬪」라 한다. 중국 내의 이동과 정착의 역사는 무릇 다음과 같이 6단계로 나눈다. (1) 秦의 시대에 ㅈ 변인 江西 지역으로의 이주이다. (2) 西晋의「八王의 乱」과「永嘉의 乱」에 의해 황하유역의 중원과 華北의 북방주민이 長江 이남으로 피난. (3) 唐末의「黄巢의 乱」

다. 그런데 이곳에는 다음과 같은 녹차의 전설이 있다. 즉, 광동성의 객가인 거주지역에는 옛날부터 차를 만드는 습관이 있으며, 그 때의 차는 「쇄청녹차(晒青綠茶)」이었다는 것이다.[3] 그러므로 이들이 차종을 가지고 대만에 이주하여 자신들의 차생활을 그대로 유지했다면 그들의 녹차도 자연스럽게 만들어졌을 것으로 보인다. 그렇다면 대만의 녹차는 청나라 시대까지 거슬러 올라갈 수 있다.

그러나 지금까지 이것을 뒷받침해줄 자료가 발견되지 않고 있다. 그러므로 대만에서 언제부터 녹차의 역사가 시작되었는지 명확하지 않다. 단 확실한 흔적은 일본통치시대부터 나오기 시작한다. 일본통치의 초기에 대만총독부가 기수(技手)로 임명한 제다 전문가 후지에 카쓰타로(藤江勝太郎)가 대만의 「제다시험장」에서 1896년 5월부터 홍차, 오룡차와 더불어 녹차를 시험 재배했다는 사실이다.

1898년 신죽의 관서(関西)에 「일본신죽실업사(日本新竹実業社)」가 설립되었다. 그곳에서는 주로 차, 쌀, 설탕, 장뇌(樟脳) 등을 생산 하였는데, 당시 회사는 주위의 농민들에게 녹차와 홍차 제조를 장려했다. 그러나 농민들은 녹차보다는 홍차에 적합한 황감종(黃柑種)을 선택했다. 현재 관서는 청심대유(青心大冇) 혹은 금훤(金萱)이 재배되어 포종차(包

에 의해 江西, 福建, 広東의 오지로 남하, (4) 남송말기 元軍의 침공에 의해 広東으로 흩어짐. (5) 청나라 때 영토 확대에 의해 西로는 四川省, 東으로는 台湾에 이주한 것. (6) 그 일파들이 海南島까지 남하한 것이다. 이들은 거의 고대로부터 내려오는 족보를 가지고 있으며, 조상에 대한 숭모정신이 강하고, 그들만의 전통을 고수하는 경향이 강하다. 그 결과 客家語가 그대로 유지되는 부분이 있다. 대만에는 세계 유일의 客家語 전문TV방송국이 있을 정독로 객가인들이 많다. 특히 北中部의 桃園市, 新竹県, 苗栗県과 南部의 高雄市美濃区 등을 중심으로 거주하며, 그 중 복건성에 출자를 가진 사람들 가운데 福佬人이라고 강조하는 경우도 간혹 있다.

3　須賀努(2018)「日本統治時代 台湾にも緑茶があった」『交流』(927), 日本台湾交流協会, pp.16-17.

種茶)인 「육복차(六福茶)」로서 유명하지만, 19세기 말에는 녹차를 시험 제조했었다.

그 이후에도 녹차에 대한 실험은 계속되었다. 총독부는 홍차 생산을 위해 1901년 타이베이의 문화(文化)와 도원(桃園)에 「차수재배시험장(茶樹栽培試驗場)」을 설치했다. 그리고 1902년 여기서 생산된 녹차의 샘플을 요코하마(横浜)의 차상인 오타니 카헤이(大谷嘉兵衛: 1845~1933)[4]에게 보냈다. 그때 오타니는 "증제 기술이 부족하나, 품질은 양호하며, 일본 국내에서도 일정의 가격은 받을 것이다. 수출하려면 포장이 중요하다"고 평가했다고 한다. 이것이 대만 녹차의 태동을 알리는 최초의 기록이다. 1903년 총독부는 후지에를 식산국(殖産局) 부속 「제다시험장(製茶試驗場)」을 개설하여 초대 장장(場長)으로 임명했다.

[4] 일본 三重 松阪 출신. 실업가, 정치가. 제다무역업에 성공하여 「다성(茶聖)」이라 불렸다. 1862년 19세 때 차싱 小倉籐兵衛의 伊勢屋에 들어가 제다무역 일을 하다. 1865년 伊勢屋의 양자가 되나, 1867년에 伊勢屋를 나와서 8月부터 스미스 베이커 상회의 제다 구매 담당으로서 일을 하여 해외거래 책임자가 되다. 1868년 이름을 嘉兵衛로 바꾸고 요코하마(横浜)에서 제다판매의 업체를 열었다. 이 때 스미스 베이커상회의 지배인도 겸했다. 오사카(大阪)에 가서 9月부터 12月에 걸쳐 교토의 찻잎을 70万斤(약420통)을 26万 8000両으로 구매하여 수출하여 큰 이득을 보았다. 이 때 수출증가로 인한 수급에 쫓겨 조악한 차가 증가했다. 이를 해결하기 위해 1872년 「제다개량회사(製茶改良会社)」를 설립, 1878년에는 「다업협동조합(茶業協同組合)」을 설립하여 차의 품질향상을 꾀했다. 1879년에 요코하마에서 제1회 제다공진회(製茶共進会)를 개최하여 심사위원장을 한다. 1883년에는 神戸에서 第2回共進会가 개최된다. 1884년에 農商務省과 협력하여 전국다업조합(全国茶業組合)을 조직하고, 중앙에 중앙다업본부(中央茶業本部)를 설립했다. 이같이 수출제다의 품질향상을 위해 노력하고, 名誉幹事가 되어 제다무역계에서 중추적인 역할을 했다. 1891년에 「전국다업조합중앙회의소(全国茶業組合中央会議所)」의 의장이 되다. 같은 해 제다수출량이 5,323만톤이라는 신기록을 세운다. 1894년에 제다의 무역회사인 일본제다주식회사(日本製茶株式会社)를 설립했다. 외국의 상관을 통하지 않고 직접 수출거래를 하게 된다. 1897년 明治政府의 보조를 받아 미국, 카나다, 러시아의 하바로브스크, 블라디보스톡, 파리 등에 일본제다주식회사의 출장소를 개설했다. 1909년 다업조합중앙회의소의 회두(會頭)에 취임하여 1928년까지 역할을 다했다. 1917년에 일본홍차주식회사(日本紅茶株式会社)를 설립했다.

그림 1 오타니 카헤이(大谷嘉兵衛: 1845~1933)

　일본은 1903년 묘율에 제다시험장 개설하여 1904년 시험 재배를 했다. 이곳이 제다시험장의 장소로서 선택된 이유는 토질이 오룡차 보다 녹차와 홍차에 적합하였기 때문이다. 당시 차밭은 삼차하(三叉河)와 동라만(銅鑼灣)에 있었다. 그러므로 이 지역을 중심으로 녹차가 조금씩 생산되기 시작했다.

　대만에서 녹차의 제조와 판매를 개척한 사람으로 당시 묘율청장(苗栗庁長) 겸 농회회장(農会会長) 이에나가 타이키치로(家永泰吉郎: 1868~1915)를 빼놓을 수 없다. 그는 사가(佐賀)의 사족(士族) 출신으로 오이타현(大分県) 심상중학(尋常中学)의 「교유(教諭)」에서 1895년 육군성 군속(雇員)으로 들어가 대만으로 갔다. 그는 처음 기륭(基隆)에 도착한 이래 1896년 타이베이지청(台北支庁) 서기관, 묘율변무서장(苗栗辯務署長)을 거쳐 1901년에는 묘율청장이 되었다. 그리고 1909년부터 신죽청장(新竹庁長)을 비롯한 두루 요직을 거친 후 1914년에 퇴직한 인물이다. 이처럼 일본통치 초기에 묘율과 신죽과 관련된 중요한 역할을 했던 인물이다. 그러므로 당연히 이 지역의 차 산업을 포함한 농업 전반에 높은 관심을 가졌을 것이다.

그 예로 1905년경부터 「묘율농회 삼차하지회(苗栗農会三叉河支会)」의 주최로 녹차제조강습회가 되었고, 1908년에는 「묘율농회(苗栗農会)」가 제다시험장과 전습소(伝習所)를 설치하고, 일본인 제다사 2명을 초빙하여 제다를 지도했다는 기록도 있다. 이것으로 보아 당시 생산된 녹차는 일본과 같은 증제(蒸製) 녹차이며, 이는 일본에서 수입되는 차를 대체하기 위해 개발되고 있었음을 보여주는 중요한 자료이다.

시험장의 기록에 의하면 1907년에는 75근의 녹차가 제조되었다고 한다. 그렇다면 이 시기부터 녹차생산이 시작되었을 것이다. 1908년 대만에 진출한 일본기업 「쓰지리(辻利)」가 「묘율청농회제조(苗栗庁農会製造), 삼차하(三叉河)의 녹차, 신차발매(新茶発売)」라는 광고를 냈다. 이러한 사실로 보아 대만에서는 소규모이기는 하나, 상업적인 녹차 생산은 시작되었다고 보아도 좋다.

여기서 주목할만 것은 「쓰지리」라는 기업이다. 이 회사는 1860년 야마시로(山城国) 우지(宇治)에서 쓰지 리에몬(辻利兵衛門: 1844~1928)[5]과 미요시 토쿠지로(三好德次郎) 형제에 의해 창업된 우지차(宇治茶)의 제조판매업체이다. 이 회사는 교토(京都)의 우지에 설립한 유서 깊은 차기업이다. 1899년 당시 대표인 쓰지 리에몬은 사위인 미요시 토쿠사부로(三好德三郎: 1875~1939)[6]를 대만으로 보냈다. 그 해 미요시는 약관 24세의

<hr>

5 일본의 제다가(製茶家). 교토의 우지(宇治)에서 다업을 경영. 우지차(宇治茶)의 제다 개발에 노력하여 말차용의 찻잎에서 양질의 전차(煎茶)인 「옥로(玉露)」의 제다법을 완성했다. 판로확장과 생산증가를 통해 우지(宇治)의 다업을 재흥시켰다.
6 일본의 실업가. 제다업. 1899년 대만으로 건너가 쓰지리다포(辻利茶舗)를 타이

그림 2 미요시 토쿠사부로(三好德三郎: 1875~
1939)

나이로 쓰지 리에몬의 4녀인 「시나」와 결혼하여 대만으로 건너간 것
이었다. 처음에 미요시는 「쓰지리 베이 타이베이 출장점(辻利兵衛台北
出張店)」을 개설하고, 개설피로연 때 총독과 민생장관을 초대하여 일
약 정재계로부터 주목을 끌었다. 그리고 극소수 일본인만이 초대되는
대만신사(台湾神社)의 진좌식(鎮座式)에도 참가했다.

　그는 제4대 대만총독의 고타마 겐타로(児玉源太郎: 1852~1906)로부터
제17대 고바야시 세이조(小林躋造: 1877~1962)에 이르기까지 정부에 적
극 협력하여 민간총독이라는 별명을 가지게 될 정도로 대만의 정치계

　베이에 개점. 차나무 재배, 제다, 품종개량 등에 노력하면서, 1920년에 대북주협
의회원(臺北州協議会員)이 되었고, 1923년 황태자(훗날 昭和天皇)의 대만 순행
때 면담하고 綠綬褒章을 받았다. 그리고 1927년 총독부평의회원(総督府評議会
員)이 되었고, 그 이듬해 勳五等瑞宝章을 수여되었다. 이때부터 사람들로부터
「민간총독」이라는 별명이 붙여졌다. 그 후 1930년 부인 시나가 사망하였고, 1934
년에 가업을 장남 마사오(正雄)에게 양도했다. 그로부터 5년 뒤 65세의 나이로 대
만에서 사망했다. 전후 1948년 「쓰지리 다포(辻利茶舗)」 대만에서 철수할 때 아무
것도 가지고 나오지 못했다 한다. 그 후 미요시 마사오(三好正雄) 부인 喜久가 야
사카신사(八坂神社) 인근에 「기온쓰지리(祇園辻利)」를 연 것이 오늘날 「기온쓰
지리」의 출발이다.

에 영향력이 있는 사람이었다.

그는 일본 국내에 있을 때부터 정치적인 행보를 보여왔던 인물이었다. 1892년 17세의 나이로 우지(宇治)에서 청년실업협회를 설립한 바가 있고, 1895년 교토에서 열린 박람회 때 이토 히로부미(伊藤博文: 1841~1909)의 안내를 맡아 정재계의 인물들과 인맥을 쌓았다. 그리고 1896년 러시아황제의 대관식에 러시아황제 및 각국의 참가자들에게 우지차를 헌상했다. 그리고 1898년 일본 황태자가 우지를 방문하였을 때 면담을 했던 인물이었다. 이러한 배경을 가진 인물이었기에 대만에서도 거물 재계의 인사로서 행동을 할 수 있었던 것이다.

그러한 그가 1903년에는 「대만차에 관한 의견서」를 제출하였고, 이를 바탕으로 대만총독부는 제다시험장(製茶試驗場)을 개설했다. 그리고 그는 1904년에는 형양로(衡陽路)와 중경남로(重慶南路)에다 「쓰지리다포(辻利茶舖)」를 새롭게 연 것이었다. 그의 활약은 더욱 더 두드러지는데, 1915년에 오키나와현지사(沖繩縣知事)와 담판을 벌여 대만 포종차(包種茶)의 수출길을 열었다. 그 결과 현재에도 오키나와인들이 즐겨마시고 있는 향편차(香片茶)이다. 그리고 1920년에는 대만에서 홍차제조사업을 추진하고 있던 미쓰이(三井)의 이사장 단 타쿠마(團琢磨: 1858~1932)의 상담역을 맡고 있었다. 이처럼 대만의 차산업에도 크게 공헌을 한 인물이다.

이같은 배경을 가진 「쓰지리 다포」는 처음에는 대만 거주 일본인을 대상으로 일본의 우지차(宇治茶)를 판매하는 것이었다. 그 후 오룡차, 홍차 이외에 자가제차(自家製茶)도 판매했다. 그러다가 대만차에 대한 인식이 점차 높아져 나중에는 대만차의 해외수출을 목표로 두고, 그

그림 3 1940년경 쓰지리다포(辻利茶舗. 현재는 重慶門市의 스타벅스 건물로 변신되어 있다)

일환으로 대만 녹차의 샘플을 국내로 보내어 판매 루트를 찾았다. 당시 신문기사에 의하면 일본에 보내진 대만 녹차의 품질은 결코 나쁘지 않았다. 생산단가도 낮아 가격경쟁에서도 유리하여 사업성도 좋았다. 그럼에도 녹차생산은 크게 발전되지 않았다.

1908년경이 되면 기륭와 북투(北投) 등지에서도 일본인에 의해 녹차 생산이 소규모 단위로 이루어졌다. 북투에서는 니시무라(西村)라는 성씨를 가진 일본인이, 기륭에서는 오이시 카쓰사부로(大石勝三郎)가 녹차를 제조했다. 그리고 품질도 좋았다는 신문기사가 있으나, 그 실태와 결말은 잘 파악되지 않는다.

한편 삼차하에는 「차수재배시험장(茶樹栽培試驗場)」이 설치되고, 그것이 1909년 「제다시험장」의 부속기관이 되었고, 1910년부터 4년간 주로 비료 등에 관한 조사가 실시되었다. 그 보고서에는 홍차와 녹차의 비교표 등이 구체적으로 작성되어있다. 이것으로 미루어 이 시기에 당시 대만의 녹차제조 상황을 어느 정도 파악이 가능하다.

지역민들에 의하면 삼차하의 차농가들이 1910년에 설립된 「일본대만다업(日本台湾茶業)」에 찻잎을 공급했다고 한다. 아마도 그 일부의 찻잎이 녹차 제조에 사용된 것 같다. 그러나 녹차는 주목을 받지 못했다. 1910년 당시 후지에는 대만 차업계에서 막강한 영향력을 지니고 있었다. 그러한 그가 대만 녹차를 "품질은 나쁘지 않으나 채산성이 맞지 않다."고 했다. 즉, 당시 녹차는 소량으로 생산될 뿐 상업성의 가치로서 발전 확대되지 못했다. 이러한 상황에서도 녹차는 조금씩 계속되었다.

대만에서 녹차가 다른 차들에 비해 발전하지 못한 이유는 어디에 있는 것일까? 여기에 대해 흥미로운 보고서가 「차업개량장(茶業改良場)」의 『참고서철(参考書綴)』(大正七年 1月 이후)에 있었다. 이 보고서의 제목이 『본도에 있어서 녹차제조가 발전하지 못한 이유(本島二於テ綠茶製造ノ盛ナラザル理由)』이었다. 작성자는 적혀있지 않아 누구인지 알 수 없으나, 작성일은 「大正7年」, 즉, 1918년에 작성된 것임을 알 수 있다. 이 보고서는 대만 녹차가 발전하지 못하는 이유를 다음과 같이 지적하고 있었다.

① 대만인들이 녹차의 경험이 부족하다, ② 토질이 녹차에 적합하지 않다는 점, ③ 대만의 차품종이 녹차에 적합하지 않다는 3가지 점을 들고 있다. 그리고 녹차를 생산한다 하더라도 대만 내의 수요를 충당할 뿐 그것에 취급하는 차상들도 거의 없는 상태라고 설명하고 있다.

1920년에 「대만척식제다(台湾拓殖製茶)」가 대만 내 수요를 충당하기 위해 녹차 생산을 했다는 기록이 있다. 아마도 그것은 소규모이었을 것이다. 별도의 자료로서는 1922년에 개최된 「대만제다품평회(台湾製茶品評会)」의 입상자 가운데 녹차부문 3등상을 수상한 것은 「대만척식제다주식회사」이다. 이 회사는 1918년에 설립되었으며, 1910년 시험장에서 생산부문을 분리하여 홍차 제조를 시작한 「일본대만차주식회사(日本台湾茶株式会社)」의 사업을 인수받았기 때문에 신죽의 묘율에도 다원을 가지고 있었다. 그러므로 이 회사에서 작은 양이기는 하나 녹차생산을 하고 있었다.

그리고 「포상(褒賞)의 난」의 녹차부문에 묘율의 「모리 토헤이(森藤平)」이라는 일본인의 이름이 있다. 이 인물에 대해서 잘 알려진 바가 없으나, 1909년의 신문기사에 「일본인 모리(森)라는 자가 독립하여 소규모의 제다소를 설치하여 수명의 대만인을 고용하여 제조를 하고 있는데, 하루의 제조량이 약 30근」이라는 기사가 있다. 이것으로 보아 그는 원래 제다시험소에 녹차를 지도하기 위해 대만에 왔다가 그 후 독립하여 현지에서 녹차를 생산하였을 것으로 추정된다.

간과해서는 안되는 또 하나의 사실은 대만에서 녹차를 「대방차(大方茶)」라고도 했다는 점이다. 「다업시험장(茶業試験場)」에는 1936년에서 41년까지 「대방차의 제조법시행」이 있었다는 기록이 있다. 시험장소는 알 수 없으나, 「대방차」라는 용어가 등장한다. 1938년에 열린 「제다품평회」의 심사위원장 타니무라 아이노스케(谷村愛之助)가 강평하는 말 가운데 「모봉차(毛峰茶), 대방차(大方茶), 녹차 등으로 나누어」라는 표현이 나온다. 타니무라는 1915년 북해도제국대학 농학부를 졸업하고, 농업기술자로서 대만에 파견된 사람이었다. 그는 특히 차관련 사업에 종사하고 있었다.[7] 이러한 그가 한 말에서 보듯이 대방차와 녹차라는 용어가 있는 것을 보면 작은 양이긴 하나 녹차계의 차가 오룡차, 포종차, 홍차와 함께 출품되었음을 알 수 있다.

대만에서 원래 「대방」이란 「도량이 크고 인심이 후하다」는 의미의 말이다. 그러나 여기서는 당시 일본인들이 마시는 차를 대방차라 한 것을 보면 당시 대만인들은 일본인을 「대방」이라 불렀을 것으로 보인다. 이 차는 「덖음 녹차(釜入り茶)」이었으며, 일본에서 수입된 증제녹차와 구별하기 위해 「대방차」라는 용어를 사용한 것 같다.

지금도 대만에서는 대만식 녹차(台式綠茶)와 일본식 녹차(日式綠茶)를 구분하여 사용하고 있다. 즉, 전자는 덖음녹차를 말하며, 후자는 증제 녹차를 말하고 있다.

3. 삼협의 용정차와 벽라춘

현재 대만에서 녹차는 타이베이현(台北県) 삼협(三峽)에서 생산되고 있다. 이곳은 일찍이 명나라 말기 담수강(淡水河)을 따라 상륙한 중국 한족들이 정착한 곳이다. 이곳에서 만들어지는 녹차가 「용정차(龍井茶)」와 「벽라춘(碧螺春)」이다.

일반적으로 용정차라면 중국 항주의 서호(西湖) 인근 용정촌(龍井村)

---

[7]　今野純子(2019)「1920年代における新竹州客家人の台頭と台湾茶業の分岐」『東洋學報』(101-3), 東洋學會, p.12

주위에서 생산되는 녹차를 말한다. 즉, 생산지명에서 유래된 것이다. 이 차는 건륭제와 관련된 이야기가 많다. 가령 건륭제가 항주에 왔다가 태후가 아프다는 전갈을 받고 급히 돌아가면서 찻잎을 갖고 갔는데 그 향기를 맡고 병이 나았다고 한다. 그로 인해 건륭제는 서호의 용정차를 귀하게 여기고 공물로 바치게 했다고 한다.[8]

또 이러한 이야기도 있다. 건륭제가 좋아했던 차가 바로 용정차인데, 그가 강남을 여섯 번 순행했을 때 그 중 네 차례나 용정을 찾았으며, 찻잎을 따는 것을 구경하고, 용정차에 관한 시를 짓기도 했다. 그리고 사봉산(獅峰山) 아래 호공묘(胡公廟)에 있는 18그루의 차나무를 어차로 봉했다고 한다. 이처럼 용정차는 건륭제와 관련이 깊은 중국의 명차이다.[9]

그에 비해 벽라춘은 본래 강소성(江蘇省) 소주(蘇州)에 있는 태호(太湖) 동정산(洞庭山)에서 생산된 녹차이다. 그리하여 동정벽라춘이라고도 하며, 3월 15일 전후로 생산되며 찻잎의 외형은 소라처럼 구불구불한 나선형의 형태로 이루어져 있다. 살청에서 건조까지 솥에서 마무리하는 초청녹차에 속한다.[10]

그런데 이것에 어찌하여 「벽라춘」이란 이름이 생겨났을까?

여기에 대해 지금까지 여러 견해들이 제시되어있다. 어떤 이는 태호 동정산상(洞庭山上)의 동산(東山)에 벽라봉(碧螺峰) 석벽에서 자생하

---

8   김은정(2018)「우아하고 깊은 향…茶의 백미 '서호 용정차'」『시사오늘(시사ON)』, 2018.06.04., http://www.sisaon.co.kr.

9   이유진(2023)「이유진의 중국 도읍지 기행]항저우…호포천 물로 우려낸 '용정차'는 천하의 명차」『주간경향』(1531), 2023.06.12., https://weekly.khan.co.kr.

10 이진수(2007)『중국 차문화』지영사, p.161.

여 생겼다고 하고, 어떤 이는 그 찻잎이 소라(螺)와 같이 감겨져 있고, 색이 푸르고(碧), 이른 봄(早春)에 차를 따기 때문에 붙여진 이름이라고 도 한다.[11] 이같이 자생하는 곳 또는 모양에 의해 붙여졌다고 하는 설명 이 주류를 이룬다.

이를 종합하듯이 청대의 왕응규(王應奎: 1684~1759)가 쓴 『유남수필 (柳南隨筆)』에는 다음과 같은 흥미로운 이야기가 기록되어있다.

동정산 아래 벽라봉 석벽 위에 몇 그루의 차나무가 있었다. 이곳 사람 들은 수십년 동안 산에 가서 찻잎을 땄다. 강희연간에 찻잎이 아주 많았 다. 어느 날 이곳 아가씨가 산에 가서 찻잎을 따서 바구니에 넣으니 찻잎 의 향기가 가슴 속옷까지 스며들어서「혁살인향(嚇煞人香)」또는「혁살 인(嚇煞人)」이라 불렀다. 이 말은 소주어(蘇州語)로「향이 너무 좋아 사람 을 놀라게 해서 숙인다」는 의미의 말이기도 했다. 그런데 1669년(강희38) 강희제가 강남을 순시할 때 태호 동정산에 들렀다. 이 때 소주부 오현(吳 縣)의 순무(巡撫) 송락(宋犖: 1634~1714)이 주가(朱家)에서 만든「혁살인향」 을 바쳤다. 그 때 강희제가 이 차를 마셔보고 이름이 우아하지 못하다고 여겨 색깔이 녹색이고 형태가 마치 나선(螺旋)이며, 향이 진하여「벽라춘」 으로 고치도록 했다. 그 이후부터 지방관은 해마다 벽라춘을 따서 황제 에게 바쳤다는 것이다.[12]

---

11 이다현(2009)「⑨ 녹차의 명차(4) 동정벽라춘(洞庭碧螺春)」『불교저널』, 2009. 11. 02., http://www.buddhismjournal.com.

12 윤중숙(2023)「차 한 잔에 담은 효능 실록(9) 벽라춘에 나타난 차 효능」, https://contents.premium.naver.com.

한편 여기에 대해 박정도는 전혀 다른 형태의 이야기를 소개한 바가 있는데, 그 내용을 잠시 살펴보면 다음과 같다.

옛날 태호(太湖)의 어느 산 위에는 아름답고 부지런하며 착한 처녀가 살고 있었는데, 이름을 「벽라(碧羅)」라고 하였다. 그녀는 노래 부르기를 좋아하였는데, 맑고 낭랑한 목청으로 노래를 하면 마치 샘물이 솟구쳐 오르는 것 같았다. 그 노래 소리는 냇물을 사이에 두고 마주보고 있는 동쪽 동정산에 살고 있는 「아상(阿祥)」이라는 총각의 마음을 설레게 하였다. 아상은 무예가 뛰어나고 다부지게 생겼으며 고기잡이로 생계를 이어가고 있었다. 그는 정직하고 남을 도와주기 좋아하는 성격이어서 주위에 살고 있는 사람들은 어려운 일이 생기면 모두 그에게 부탁하여 해결하곤 하였다. 벽라가 호숫가에서 그물을 뜨면서 노래를 할 때면 아상은 호수에서 노래 소리에 박자를 맞추며 고기를 잡았다. 이들 두 사람은 서로가 연모하였지만 마음뿐이었다.

어느 해 초봄이었다. 평화롭던 태호에 갑자기 재난이 들이닥쳤다. 호수 가운데 사는 용이 나타난 것이다. 용은 광풍을 몰고 와서는 온갖 나쁜 짓을 저지르면서 벽라 처녀가 자신에게 시집오지 않으면 무사하지 못할 것이라고 위협했다. 태호 부근에 사는 사람들은 두려워 어찌할 바를 몰랐다. 이 소식을 들은 아상은 못된 용을 죽여 동정산 백성들의 생명과 사랑하는 벽라 처녀를 보호하기로 마음먹었다. 달빛도 없는 어느 밤이었다. 아상은 고기를 잡는데 쓰는 작살을 들고 용을 없애기 위해 살금살금 서쪽 동정산으로 숨어들었다. 마침 용은 아무 것도 모르고 잠들어 있었다. 아상은 이때라고 생각하고 용이 눈치 채지 못한 틈을 타서 용에게로 달려들어 있는 힘을 다하여 작살로 용의 등을 찔렀다. 중상을 입은 용은 한바탕 꿈틀거리더니 곧 커다란 입을 벌리고 아상에게 달려들었다. 아상은 다시 작살을 높이 들고 목숨을 걸고 싸웠다. 그렇게 일곱 낮, 일곱 밤을 싸워 아상은 마침내 작살을 용의 목구멍에 찔러 넣고 정신을 잃고 말았다.

마을 사람들은 기절한 그를 업고 내려왔다. 그것을 본 벽라 처녀는 가슴이 에이는 듯이 아팠다. 그녀는 목숨을 구해준 아상의 은혜에 보답하고자 그를 자기 집에 데려다 직접 간호하겠다고 자청하였으며 온갖 약초로 아상을 치료하면서 밤낮으로 그의 침대 곁을 떠나지 않고 세심하게 그를 보살폈다. 아상이 고통스러워할 때면 그녀는 나지막한 소리로 그가 가장 듣기 좋아하는 노래를 불러 주었다. 그러나 그러한 정성을 아는지 모르는지 아상의 병세는 갈수록 더해만 갔다. 아상은 벽라 처녀가 자기 곁을 시키고 있는 것을 알자 더없이 고마우면서도 미안했다. 그는 그동안 마음속에 담아두었던 사모했다는 말을 하고 싶었으나 쇠약해진 몸 때문에 말을 할 수가 없었다. 그저 다만 눈빛으로 처녀를 지켜보고 있을 뿐이었다.

상처에 차도가 없자 벽라 처녀는 조급해졌다. 그녀는 마을 사람들의 도움으로 의원을 찾아 약을 지어 먹였으나 아상은 회복될 기미가 보이지 않았다. 하루는 그녀가 약초를 찾아 아상이 용과 힘겹게 싸우던 곳까지 갔다가 그곳에서 한 그루 작은 차나무가 자라고 있음을 발견하였다. 그녀는 마음속으로 아상이 나쁜 용과 싸운 흔적으로 생각하고 이 나무를 잘 길러 아상의 뜻을 후세에 전하고 싶어서 곧 차나무에 거름을 주고 흙을 북돋아 주었다.

그 뒤 그녀는 매일 그곳에 가보았다. 경칩이 지나자 나무에서는 어린 찻잎이 움트고 있었다. 아직 추운 날씨라 벽라는 그 새싹이 얼지 않을까 걱정되어 매일 아침마다 그곳에 가서 한번 씩 따뜻한 입김을 불어주었다. 청명 전후가 되자 그 찻잎은 드디어 모양을 갖추고 어린 잎들이 자라기 시작하였다. 벽라는 그 연초록 잎들을 바라보면 혼자 중얼거렸다. "이 차나무는 아상의 선혈로 물든 것이고, 내 입의 온기로 자라게 한 것이다. 그러니 조금 따다가 아상에게 마시게 하면 나의 정성을 하늘이 알아주지 않을까?"라고 했다. 그녀는 어린 잎을 한 줌 따서 품에 넣고 집으로 돌아와 차를 우려서 아상에게 권했다. 차향기를 맡은 아상은 정신이 번쩍 드는 느낌에 단숨에 찻물을 들이켰다. 그러자 찻물은 마치 그의 몸 구석구석까지 스며들어가는 듯했다. 아상은 손을 들어 보고 다리를 뻗쳐보고 스스로 놀라며 "나도 모르겠어. 지금 바로 일어나 앉을 것 같아. 이것은 영약보다도 더 영험이 있네."라고 중얼거렸다.

그 모습을 본 처녀는 너무 기뻐 눈물을 흘렸다. 그녀는 대나무 바구니를 챙길 사이도 없이 곧장 차나무 있는 곳으로 달려가 단숨에 여린 싹을 한 줌 뜯어 품에 넣어 자기의 체온으로 싹 잎을 말렸다. 집에 다다른 그녀는 그것을 꺼내 가볍게 비벼 끓는 물에 담가 다시 아상에게 마시도록 하였다. 이렇게 며칠을 거듭하니 아상의 병세는 하루하루 나아져 자리에서 일어나 앉게 되었다. 그는 처녀의 손을 잡고 그 동안 가슴에 품고 있던 마음을 털어 놓았다. 아상은 다시 원기를 회복하였다. 그러나 병구완하던 벽라가 과로에 지쳐 쓰러지고 말았다. 그녀는 아상의 품에 쓰러져 미소를 띤 채 결국 눈을 감고 말았다.

아상은 슬픔에 젖어 처녀의 시신을 동정산의 그 차나무 옆에 묻어주었

그림 4 John Dodd(1838~1907)

다. 그 후 벽라 처녀와 아상의 애절하고 슬픈 사랑의 이야기가 입에서 입으로 전해지면서 후세 사람들은 이곳에서 나는 차의 이름을 「벽라춘」이라고 부르게 되었다.[13]

이같이 중국의 「벽라춘」에는 다양한 기원전설이 있을 정도로 명차로 손꼽힌다. 그리고 각기 내용은 다르지만 그것의 기원이 중국에 있다는 것은 부정하지 않는다. 이러한 내력을 지닌 차가 어찌하여 대만 타이베이현의 삼협에서 생산되는 것일까?

여기에는 이유가 있었다. 이곳의 차재배 역사는 1864년(同治3) 영국 스코틀랜드 상인 존 닷드(John Dodd: 1838-1907)에 의해 시작되었다. 그가 대만에서 자생차를 발견하고 대만에서도 차생산이 가능하다는 신념을 가지고 1866년 중국 복건성(福建省) 안계(安溪)에서 차묘목을 가지고 와서 이식하며, 삼협과 문산(文山)의 지역민들에게 차 재배를 장려

---

13   박정도(2001) 『중국차의 향기』 박이정, pp.31-35.

그림 5 이춘생(李春生: 1838~1924)

했다.

이렇게 시작한 차 재배는 점차 성행했다. 그들이 생산한 차는 배에 실려 담수강을 따라 타이베이의 대도정(大稻埕)으로 운반되어 양행(洋行: 서양자본의 무역회사)을 통하여 해외로 수출되었다. 존 닷드는 그의 영어 통역이었던 이춘생(李春生: 1838~1924)[14]과 더불어 1869년에 뉴욕에 「Formosa Tea(台湾茶)」이라는 이름으로 오룡차를 수출했다. 또 이춘생은 닷드의 사업을 이어받아 양행의 대표가 되었고, 나중에 「대만차의 아버지」라고 불릴 정도로 사업가로서도 성공했다. 이처럼 삼협지역의 차 역사는 19세기 후반 외국인에 의해 시작된 것이었다.

---

[14] 본적은 中国 福建省 廈門. 15세 때 기독교 세례받다. 1865년 대만 이주하여 大稻埕의 영국상인 John Dodd의 보순양행(宝順洋行)의 총지배인, 영국자본 화기양행(和記洋行)의 총지배인 등을 역임하면서 대만차엽(台湾茶葉)의 무역에 종사하다. 그 후 독립하여 台湾茶葉産業계에서 제1인자가 될만큼 성장했다. 일본통치하에서는 「三達石油公司」를 경영 성공을 거둠으로써 근대 대만의 대실업가가 되었나. 그는 개인적 재산을 대만의 근대화사업, 사회교육사업에 사용했다. 교회등을 건설하여 대만기독장로교회(台湾基督長老教会)의 창시자가 되었다. 또 『東西哲衡』를 대표작으로 생애 12권의 철학서적을 집필하는 사상가로서도 생애를 보냈다.

삼협에서 생산된 초기의 차는 품질이 나쁜 홍차였다. 그러다가 일본통치시대에는 주로 오룡차와 포종차를 재배했다. 당시 행정구분은 태북주(台北州) 해산군(海山郡) 삼협장(三峽庄)이어서 이곳에서 생산되는 차를 총칭 해산차(海山茶)라고 하기도 했다.

1924년 9월의 대만일일신보(台湾日日新報)에「해산차의 명성을 높이자」라는 기사가 있는데, 그것에는 삼협장에서「제다품평회(製茶品評会)」가 열렸다는 내용이 있다. 당시 해산군에서 차생산의 1위가 삼협이었고, 그 뒤가 앵가(鶯歌)이었다. 그리고 삼협(三峽)지역은 서남구와 동북구로 나뉘는데, 전자에는 홍도리(弘道里), 오료(五寮), 대포(大埔), 금민(金敏), 삽각(揷角), 유목(有木)이 있고, 후자에는 초계(礁溪), 백계(白雞), 계남(溪南), 계북(溪北), 성복(成福), 안갱(安坑), 죽륜(竹崙)이 있었다. 특히 서남구는 차생산지 문산지역과 인접해 있다.

삼협의 제다사 황문웅(黃文雄)씨에 의하면 일본통치시대에는 이 지역에 일본기업 미쓰이(三井)가 세운 대료차공장(大寮茶工場)이 있었고, 차농가들은 홍차의 원료를 생산하여 그 공장에 납품했다고 한다. 그때는 일본수출용 녹차도 만들었다고 한다.[15]

이같이 삼협에는 처음부터 녹차를 만든 것은 아니다. 일본으로부터 광복된 후 비로소「용정차」와「벽라춘」를 생산했다. 그러므로 그것들의 역사는 짧고, 새로운 것이다. 그러나 오늘날 이것들은 대만녹차를 대표하는 것이며, 그 중 용정차는 대만 10대 명차에 들어간다.

삼협의 용정차의 기본적인 제다법은 생엽－덖음(10~15분)－유념(1시간) 및 건조－제품의 순으로 한다. 일반적으로 유념의 시간이 길면 제

---

15 須賀努(2018)「日本に輸出された台湾煎茶」『交流』(929), 日本台湾交流協会, p.28.

품에 흰 것이 생겨나고, 짧으면 검은 것이 생긴다. 그리하여 이러한 것들이 생기지 않도록 중간 지점을 적절히 찾아야 한다. 그리고 완전히 납작하게 하고, 잎이 끊어지지 않는 것이 상품으로 친다.[16]

현대에 접어들어서 대만 차농가들이 녹차를 생산하는 데는 정치상황으로 인해 새로운 이민자들이 큰 계기가 되었다. 대만차 연구가 왕명상은 중국 중부와 북부에서 군인들과 민간인들이 건너왔는데, 그들은 오룡차보다 녹차를 마시는 데 익숙해 있었다. 이들의 수요에 따라 「덖음 녹차」를 생산하게 된 것이라고 설명했다.[17]

이를 좀 더 구체적으로 설명하자면 제2차 세계대전 후 대륙의 내전에서 공산당의 모택동에게 패배한 장개석(蔣介石)과 함께 대만으로 들어온 대륙인들 가운데 절강성(浙江省) 등 화동출신(華東出身)이 가장 많았고, 그 중에는 국민당의 군인으로서 종군했던 산동(山東) 등 북방인들도 다수 포함되어 있었다. 이들은 녹차와 꽃차를 즐기는 경향이 있다. 이들을 위해 개발된 것이 「덖음 녹차(炒青緑茶)」이었다. 「덖음녹차」라 해도 일본의 증제 녹차와는 다르다. 절강의 용정차에 가까웠다. 그러므로 처음에는 「삼협용정차(三峡龍井茶)」라는 말을 사용했다.

차나무 품종은 녹차용의 희소품종인 「청심감자종(青心柑仔種)」이다. 이 품종은 절강 항주 서호에서 생산되는 용정차와 같은 품종으로 소엽종(小葉種)이며 조생종(早生種)이다. 유아(幼芽)는 녹색이며 산모(産毛: 白毛)가 많기 때문에 고급녹차에는 반드시 백색(白色)이 들어간다. 현재는 이것으로 주로 용정차를 생산하고 있는 것이다. 이들이 용정차

---

16 松下智(1971) 「台湾の茶」 『茶業研究報告』 日本茶業技術協会, p.59.
17 왕명상(2021) 『대만차의 이해』 한국티소믈리에연구원, pp.144-145.

라 이름을 붙인 것은 바로 여기에 있었다. 고급의 용정차는 일마이엽
(一芽二葉)으로 채다를 한다. 차의 특징은 향기가 좋고, 탕색이 맑으며,
맛은 약간 떫은 맛이 나지만, 목에서 넘어갈 때는 단맛이 난다.

삼협의 녹차를 중국의 것과 구분하기 위해 생산지인 삼협이란 지명
을 앞에 붙여「삼협용정차」,「삼협벽라춘」이라고도 한다. 특히 벽라
춘은 봄에만 잎을 따는 특징을 가지고 있다. 특히 청명절이 되기 이전
에 따서 만든 것을「명전벽라춘(明前碧螺春)」이라 하여 최고 품질의 녹
차로 꼽는다.

용정차와 벽라춘은 외형적으로 서로 다르다. 용정차는 제다과정에
서 찻잎에 열과 압력을 가해 납작하게 건조시키나, 벽라춘은 그러한
공정이 없기 때문에 찻잎이 청녹색을 띠고 백호가 있으며, 모양은 기
다랗고 꼬불꼬불한 조형이다. 그리고 삼협의 용정차와 벽라춘은 맛과
향에서는 중국의 것과 비슷하나, 찻잎이 중국의 것에 비해 크다. 특히
대만의 벽라춘은 중국의 것과 구분하기 매우 어렵다. 굳이 차이를 지
적한다면 대만 벽라춘의 경우 잎의 뒤틀림이 중국의 것보다 느슨하다
는 점이다. 이처럼 비록 중국의 이름을 사용하고 있다하나, 조금씩 대
만의 특징들을 가지고 있는 것이다.

4. 대만 녹차산업의 역사적 과정

대만의 녹차는 신죽의 묘율, 타이베이의 삼협에서만 생산된 것은 아
니었다. 도원(桃園)의 용담(龍潭) 그리고 남투(南投)의 명간(名間)에서도

녹차를 생산했다. 앞에서 보았듯이 이 지역들도 녹차가 본격적으로 생산된 것은 1948년경부터이다. 그 계기는 영국인 로버트 엔더슨(Robert Anderson)이 「협화양행(協和洋行)」을 대만에 지점을 내고, 모로코 등 북아프리카에 필요한 「덖음녹차」의 제조를 주문한 것이었다. 당시 대만에는 덖음의 기술이 없었다. 이를 해결하는 데는 상해의 당계산(唐季珊: 1896~1962)[18]의 활약이 컸다.

당계산은 1916년 부친이 세운 상해의 「화차공사(華茶公司)」의 경영자이었다. 그는 이미 세계 3대 홍차인 기문홍차(祁門紅茶)를 해외로 수출하여 막대한 재산을 형성한 재력가이었다. 이러한 그가 상해의 녹차 제다사를 대만으로 보내어 기술을 전수한 것이다.

그 노력이 결실을 맺어 녹차 제조는 성공을 거두었고, 순식간에 도원, 신죽 등지에 12여개의 차공장이 생겨나는 결과를 낳았다. 그리고 당계산은 자신의 회사 「화차공사(華茶公司)」를 상해에서 대만으로 이전했고,[19] 1949년부터 협화양행(協和洋行)과 공동으로 본격적으로 차 수출에 노력했다. 그 후 그는 「대만구차수출공회(台湾区茶輸出公会)」의 이사장을 역임하는 등 활발한 활동을 벌였으나 만년에는 경제적인 사

---

[18] 상해 남양공학 졸업후 영국유학, 1914년 제1차대전 발발 후 귀국. 1916년 부친이 세운 「화차공사(華茶公司)」에서 일을 했으며, 훗날 사장이 된다. 그는 세계 3대 홍차인 경영자가 된다. 기문홍차(祁門紅茶)를 판매했다. 그는 능숙한 영어로 차 수출사업에서 성공을 거둔 후 영화사업에 진출, 「연화영화사(聯華映畵社)」의 대주주가 되었다. 그리고 여성편력도 심했다. 그는 유부남이었음에도 불구하고 당시 유명한 영화배우 완영옥(阮玲玉)에 이어서 양새진(梁賽珍)이라는 여성과도 사귀었다. 그러는 가운데 완영옥은 유서를 남기고 자살한 사건은 당시 유명한 스캔들이었다.

[19] 그의 상해에 있는 회사는 1932년 1월, 1937년 8월 이른바 「淞沪抗战」이 발발하여 소실되고 만다. 그 후 겨우 명맥이 이어져오다 1949년 상해가 공산당에 점령되자 그는 대만으로 이주할 수 밖에 없었다. 훗날 상해의 「화차공사」도 당씨 일족의 다른 사람에게 맡겨졌고, 1954년에 폐업되었다 한다.

그림 6 당계산(唐季珊: 1896~1967)

정이 좋지 않았다.

　이렇게 시작한 대만녹차는 1954년의 기록에 의하면 90%이상의 수출은 북아프리카의 모로코이었다. 도원의 용담도 신죽과 더불어 모로코와 일본에 수출하기 위해 녹차를 생산했던 곳이다. 지역의 차농가 「신복융(新福隆)」의 엽서찰(葉書察)씨에 의하면 「이 지역은 150년 전 차나무가 심어졌고, 포종차(包種茶), 오룡차를 만들기 시작했다. 그리고 일본통치시대에는 홍차를 만들었으며, 미쓰이공장(三井工場)에 찻잎을 공급하기도 했다. 그리고 일본이 철수한 뒤 「초청녹차(炒青綠茶)」가 도입되어 아프리카에 수출하여 70년대에는 녹차를 만들어 일본에 수출했다」고 한다.[20] 이 말에서 보듯이 이곳의 녹차생산도 신죽과 더불어 시작되었다고 보아도 무난할 듯하다.

　그러나 1960년에 모로코 및 알제리가 찻잎 수입을 제한하는 정책을

20　須賀努(2018)「日本に輸出された台湾煎茶」『交流』(929), 日本台湾交流協会, pp. 27-28.

실시하자, 큰 타격을 입었다. 그리고 협화양행도 대만녹차의 무역에서 철수하고 말았다. 이로 말미암아 대만의 녹차수출은 벽에 부딪치고 말았다. 그러나 그 이후에도 북아프리카의 수요가 완전히 사라진 것은 아니어서 덖음녹차를 조금씩 생산하여 수출하고 있었다.

1960년대에 접어들면 대만녹차는 새로운 전기를 맞이하게 된다. 다시 말해 이 시기에 일본으로부터 녹차의 수요가 늘어났다. 이 때 대만 다업계에서는 일본에 녹차 수출의 가능성을 보았다. 그리하여 많은 차업계는 전차(煎茶)를 만들어 일본에 수출했다. 중국대륙에서는 정책에 의해 홍차생산을 녹차로 바꾸는 것을 속된 말로「홍개녹(紅改緑)」이라 했다. 그러한 시대가 대만에서도 1960년대에 이같은「홍개녹」이 일어났다.

도원의 용담에는 1911년에 창업된「복원다업(福源茶業)」이 있다. 현재 이 회사에서는 포종차, 홍차, 화차, 녹차 등 다양한 차를 생산하고 있지만, 과거에는 아프리카 등지에 주력상품으로 홍차, 오룡차, 주차(珠茶)[21]를 생산한 바가 있다. 이 회사의 대표인 황문량(黃文諒)씨에 의하면 지역의 차조합은 1966년 일본에 시찰한 후 일본의 차업자로부터 주문을 받아 전차[22]를 생산했다고 한다.[23] 처음에는 목제(木製)의 기계이

---

21 둥글게 말려있는 녹차를 말한다. 부발효차인 녹차의 생산공정은 찻잎에 열을 가해 산화발효를 멈추게 하는 「殺青」작업 후에 찻잎의 성분이 추출되기 쉽도록 비비는 「揉捻」이라는 공정이 있다. 이 때 珠茶의 경우 독특한 유념을 하기 때문에 찻잎의 형태가 둥글게 말려있고, 검은빛이 난다. 그 때문에 중국에서는 「珠茶」또는 「円茶」라고 하고, 해외에서는 「gunpowder=火薬弾」혹은 「green pearl=푸른 진주」라는 별명을 가지고 있다. 중국에서는 절강성(浙江省) 소흥시(紹興市) 평수진(平水鎮)에서 만드는 「平水珠茶」이 유명한데, 이것은 唐나라 때부터 만들었다고 한다. 오늘날 중국은 이를 유럽을 비롯한 중동(中近東). 아프리카 각지로 수출하고 있다. 중동 · 북아프리카 등지에서는 박하 잎을 넣거나 설탕을 넣어 마시기도 한다.

22 전차(煎茶)는 찻잎을 찌고 산화를 중지시킨 후, 여러 단계에 걸쳐 찻잎을 비비면서 건조시키면서, 찻잎의 형태를 잡아가 최종적으로는 針状으로 비틀린 형태가

었으나, 나중에는 일본에서 대형 자동기계를 도입하여 생산했으며, 수출도 순조로웠다.

신죽의 「관서홍차(関西紅茶)」에서도 70년에 일본에서 중고 제다기 1대를 구입하여 「증제 녹차」도 생산을 개시했다. 처음에는 일본 고베(神戸)의 커피회사가 50%정도 구입해주었고, 그 후에도 서서히 수요가 확대되었다. 물론 이것은 전차의 원료로서 브랜드가 되고 분말차로 판매되었기 때문에 대만에서 만들어진 녹차라는 사실을 아는 사람은 거의 없다.

그러나 73년경 일본에 오일 쇼크로 말미암아 경제불황에 빠지는 바람에 대만으로부터 전차의 수입이 거의 중지되었다. 이로 인해 대만의 차농가는 엄청난 피해를 입었고, 일본에 녹차 수출도 10년 채 못되어 종말을 고하고 말았다.

그러다가 1980년 리비아에서 녹차의 주문이 긴급하게 들어왔다. 이때 대만은 개별적인 차상을 통하지 않고 「대만녹차창연합수출공사(台湾緑茶廠聯合輸出公司)」라는 회사를 설립하여 250톤을 수출했다. 그러나 80년대 후반 중국의 개혁 개방 이후에 세계의 녹차시장에 중국의 것이 쏟아져 나와 대만의 「덖음녹차」의 수출은 막을 내리고 말았다.

된다. 증제녹차로서 옥로(玉露)가 유명하다. 전차와 옥로의 차이는 재배방법에 있다. 전차는 노지재배(露地栽培)로 햇빛을 듬뿍 받으며 키우는 것에 비해 옥로는 수확전의 일정기간, 다원에 덮개를 덮어 햇빛이 닿지 않도록 피복재배(被覆栽培)를 한다는 점이다. 그러나 찻잎을 따서 제다하는 것은 전차와 같다.

23 須賀努(2018) 「日本に輸出された台湾煎茶」 『交流』(929), 日本台湾交流協会, p.27.

5. 대만 녹차의 과거와 미래

대만인들은 대체로 녹차를 좋아하는 편이 아니다. 그럼에도 대만에서 최초로 녹차를 생산한 것은 녹차문화를 가지고 있는 일본 영향이 컸다. 대만을 식민지로 삼은 일본은 1896년 묘율에서 녹차를 시험재배하였고, 그 이후 녹차강습회 등을 개최하여 차농가들에게 녹차재배를 장려하였지만, 크게 성공을 거두지 못했다. 그러나 대만 내 거주하던 일본인의 수요자를 위해 「대방차」라는 이름으로 생산한 적이 있다. 일본 당국은 대만인들이 녹차의 재배와 제다의 경험이 부족하고, 토질이 녹차에 적합하지 않고, 또 대만의 차품종이 녹차에 부적합하다는 이유로 녹차산업을 거의 포기했다. 그러므로 녹차를 생산하더라도 대만에 사는 일본인들을 대상으로 한 것이었으며, 이를 취급하는 차상들도 거의 없었다.

이러한 상황에서 중국 내란 이후 장개석 일당들이 대만으로 대거 이주함으로써 녹차시장에 변화가 일어났다. 그들 중에는 고향의 녹차 맛을 잊지 않은 사람들이 많았다. 이들이 필요한 녹차를 생산하였던 것이다. 그리고 1948년경 영국 차상을 매개로 북아프리카등지로 수출함으로써 녹차산업이 활개를 치는 듯 했다. 그러나 북아프리카제국들의 수입제한 정책을 펼침으로써 수출길이 막혀 어려운 상황을 맞이했다. 그러다가 60년대에 접어들어 일본에서 주문이 들어와 수출을 재개하였으나, 70년대 오일쇼크로 인해 일본으로 수출도 어렵게 되어 대만 녹차산업은 그야말로 사양길에 접어들고 말았다. 이처럼 대만에서 녹차산업은 부침의 역사가 여러 차례 반복되어 크게 발전을 이루지 못했다.

그러나 최근 대만에는 일본의 영향으로 말차의 붐이 일어나고 있다. 「태식녹차(台式綠茶)」, 「일식녹차(日式綠茶)」 「일본녹차(日本綠茶)」라는 녹차계통의 음료수가 대량으로 개발되어 시판되고 있다. 그리고 녹차 가루를 과자와 음료수 등에 넣는 경우도 늘어났다. 그에 따라 녹차의 수요가 증가하고 있다. 특이한 점은 대만의 페스트 푸드점에서 판매되는 녹차음료는 감미료가 들어있다는 점이다.

이러한 수요에 힘입어 남투의 명간(名間)에 위치한 「각색다업(角色茶業)」(대표: 林育源)이라는 업체는 일본에서 증기기계를 도입하여 「증청녹차(蒸青綠茶)」을 생산하고 있다. 그리고 신죽의 관서 농가에서도 최근 정부주도하에 과자와 음료수에 넣는 녹차가루를 생산하고 있다. 특히 신죽의 객가인(客家人)들의 가정에서는 「뇌차(擂茶)」라는 것이 있다. 이것은 차, 오곡, 깨 등을 갈아서 우리의 미숫가루처럼 마시는데, 최근에는 녹차가루를 넣는 경우도 많다.

이같이 현재 대만에서는 녹차가루가 많이 소비되고 있다. 그러나 그것을 생산하고 있는 농가는 극히 일부에 지나지 않는다. 따라서 국내수요에 충당하지 못하고 대부분은 일본에서 수입하고 있는 실정이다. 「대만구차수출업동업공회(台湾区茶輸出業同業公会)」에 의하면 2000년대에 들어 특히 일본에서 녹차수입이 급증하여 2004년에 비해 2017년에는 20배 가까이 연간 900톤을 수입하고 있다고 한다. 이처럼 오늘날 대만은 어느덧 녹차수출국에서 수입국으로 바뀌어 있는 것이다.

제3장

대만 청차의 기원과 역사

1. 청차란?

대만의 차에서 주류를 형성하고 있는 것은 반발효차인 청차이다. 즉, 대만에서 청차란 「반발효(半發酵)」의 제다법으로 만들어진 차의 총칭이다. 그러나 지역마다 생산되는 제품마다 공정이 조금씩 다르고, 발효도도 각기 달라 이를 구분하기가 용이하지 않다.

여기에 대만차 연구가인 왕명상은 향기에 따라 다음과 같이 3가지로 구분했다. 첫째, 꽃향이다. 여기에는 문산포종, 고산오룡, 고산금훤, 취옥오룡, 사계춘오룡 등을 넣었다. 둘째, 숙향이다. 이것에는 항구차, 동정오룡, 철관음을 넣었다. 셋째, 과향이다. 이것에는 백호오룡과 대동홍오룡을 들었다.[1]

이러한 분류에는 나름대로 고민이 있었겠지만, 차의 향기란 맡는 사람마다 다르게 느낄 수 있다. 따라서 그것은 객관적이라기 보다는 주관적일 가능성이 높다. 그러므로 이를 기준으로 삼아 분류한다는 것은 다소 이론적 모순성에 빠져 객관성을 상실할 위험이 있다.

어떤 이들은 이상에서 제시된 모든 것을 오룡차의 범주 속에 넣기도 하지만, 대체로 대만인들은 오룡차를 포종차와 오룡차를 구분한다. 흔히 제다사들은 「현대의 제다법에서는 오룡차는 덖음(釜炒り)을 2회, 포종차(包種茶)는 1회」로 한다고 한다. 그러나 이것에 대해 대만의 임천복(林馥泉: 1914~1982)[2]은 오룡차와 포종차는 제다법에서도 차이가 난

---

[1] 왕명상(2021)『대만차의 이해』한국티소믈리에연구원, pp.146-172.
[2] 福建省晋江(惠安) 출신. 張天福의 제자. 1936년 福建省農教師訓練所 입학. 1938년 福建示範茶廠制茶所武夷所 주임. 1941년 泉州民生農業学校 교사. 企山直属製茶所主任. 1942년 武夷山茶業調査. 福建示範茶廠制茶所 주임.『武夷茶葉之生産製

다고 지적했다. 즉, 오룡차는 선엽(鮮葉)－일광위조(日光萎凋)－실내위
조(室内萎凋)와 발효－덖음(釜炒)－정치한열(靜置悶熱)－유념(揉捻)－해
괴(解塊)－건조(乾燥)－모차(毛茶)로 하는 한편, 포종차는 선엽－일광
위조－실내위조－살청(殺菁)－유념－해괴－건조－모차(毛茶)로 한다
고 했다.[3] 이처럼 제다법에서 차이가 난다. 그 결과 오룡차는 단맛의
향기와 맛을 가지고, 포종차는 훈화(薰花)를 하였기 때문에 강렬한 방
향을 가지는 것이 특징이었다.[4] 하지만, 최근에는 다양한 기술의 발달
로 제다법으로도 구분하기가 여간 어려운 것이 아니다. 따라서 가장
무난한 방법은 발효도이다.

　발효정도를 차 탄닌 성분의 산화정도로 나타내면 문산포종: 8~20%,
동정차(포종계): 20~30%, 대만철관음: 30~40%, 대만오룡차: 50~60%이
다.[5] 최근에는 약 70%정도의 청차를 생산하기도 한다. 이처럼 녹차에
가까운 85%가 되는 경빌효(輕發酵)에서 홍차에 가까운 약 70%정도의
중발효(重發酵)의 것까지 다양하게 존재한다.

　이에 본장에서는 대만의 청차를 발효도 기준으로 8~20%의 경발

造及運銷』출판. 1945년 10월 대만의 台湾省茶業公司 소속으로서 일본 미쓰이 자
산의 인수작업을 한 후 林口에 있었던 다업전습소(茶業伝習所)를 접수하고 소장
으로 취임. 다업전습소는 1930년에 개설된 台湾人茶農을 육성하는 학교이다. 임
복천은 이 전습소를 정비, 부흥에 힘써 학생모집을 재개하여 1946년 10월 광복 후
제1기생을 받았다. 1950년 소장 퇴임후 茶業試驗所의 技正이 되다. 1954년 台湾
区製茶工業同業公会의 이사로 취임. 1956년에는 常務理事. 그해 『烏龍茶及包種
茶製造学』 저서출판. 1957년 공회의 총간사를 겸임. 1973년 총간사직 사임하고
전문위원이 되다. 1980년 大稲埕에 王有記와 제휴하여 森林北路에「馥茗堂」이라
는 茶莊을 개설. 그의 희망은「차의 평민화, 생활화」이었다 한다.
3　松下智(1971)「台湾の茶」『茶業研究報告』日本茶業技術協会, pp.59-60에서 재
　인용.
4　今野純子(2019)「一九二〇年代における新竹州客家人の台頭と台湾茶業の分岐
　──茶樹品種「青心大冇(タイパン)種」を通して」『東洋学報』(101-3), 東洋文庫, p.1.
5　竹尾忠一(2001)「包種茶史」『茶年報』(91), p.3

효의 청차를 포종차라고 하고, 30%이상의 발효도를 가진 청차를 오
룡차로 구분하여 그 차들의 기원과 역사 및 특징에 대해 살펴보고자
한다.

2. 오룡차

(1) 오룡차의 기원은 중국 복건

그럼 먼저 발효도가 높은 청차부터 살펴보기로 하자. 대체로 여기
에 속하는 차를 대만인들은 곧잘 「오룡차(烏龍茶)」라고 한다. 그 이름
의 유래는 정확히 알려져 있지 않다. 일반적으로 차의 색깔이 까마귀
처럼 검고, 모양이 용의 여의주와 같이 말려있다고 해서 붙여진 것이
라 한다. 한편 중국 차문화 연구가인 박영환은 다음과 같이 그것의 기
원에 대한 전설을 다음과 같이 소개했다.

어느 한 농부가 차나무 무더기를 발견하고, 찻잎을 따려고 다가가 보
니, 검은 뱀(黑蛇)이 그 중 한 그루의 차나무를 휘감고 있었다 한다. 농부
는 처음에 놀라 뒤로 한 발짝 물러났으나 가만히 살펴보니, 그 뱀이 사람
을 공격할 기미는 전혀 보이지 않았을 뿐 아니라, 농부의 눈에 검은 뱀이
아주 온순하게 보였다. 그래서 농부는 그 뱀이 휘감고 있는 차나무에 조
심스레 접근하여 가만히 찻잎을 따기 시작했다. 과연 그 뱀은 농부를 물
지 않았을 뿐만 아니라 따온 찻잎으로 차를 만들어 마셔보니 차 맛이 그
야말로 일품이었다고 한다. 이 차가 바로 중국 청차(靑茶)의 대명사 격인

오룡차이다.[6]

이상의 전설은 오룡이라는 이름이 검은 뱀에서 유래되었다고 설명하고 있다. 여기에 대해 박영환은 「중국인들은 본디 뱀을 싫어하고 용(龍)을 좋아하는 습속이 있기 때문에 검은 뱀(黑蛇)을 까마귀같이 검은 용이란 뜻의 「오룡」으로 미화시키고, 이 차를 가리켜 「오룡차(烏龍茶)」라 이름하게 되었다」고 설명했다. 전설의 내용이 사실이라면 이같은 설명에는 상당히 일리가 있어 보인다.

그렇다면 오룡차는 어디에서 발생한 것일까? 박영환은 복건성이라 했다.[7] 여기에 대해 부정하는 사람은 아무도 없다. 그러나 문제는 복건성 어디를 가리키는 것이냐 하는 것이다. 여기에 대해서는 의견이 갈린다. 전승의 세계에서는 대략 다음과 같이 두 가지 견해가 있다.

첫째, 복건성의 무이산(武夷山)에서 시작되었다는 이야기이다. 즉, 명나라 중기 햇빛에 말리던 찻잎을 대바구니에 넣고 운반하던 도중, 찻잎이 흔들리면서 마찰이 생겨 산화(발효)가 발생했고, 목적지에 도착하였을 때는 맛있는 차로 변해 있었는데, 이것이 오룡차의 탄생이라는 것이다.

둘째, 복건성의 안계에서 시작되었다는 이야기이다. 『복건지차(福建之茶)』, 『복건차엽민간전설(福建茶葉民間傳說)』에는 다음과 같이 설명하고 있다.

---

6 박영환(2013) 「세계적인 중국의 명차, 오룡차 ①」 『불교저널』, 2013.12.03.,
    http://www.buddhismjournal.com.
7 박영환(2013) 「세계적인 중국의 명차, 오룡차 ①」 『불교저널』, 2013.12.03.,
    http://www.buddhismjournal.com.

청나라 옹정연간, 복건성 안계현 서평향 남암촌의 한 차농(茶農)이 있었다. 그는 사냥에도 뛰어났고, 소룡(蘇龍)이라고 했다. 그는 건장하며 피부가 검어 사람들은 그를 오룡(烏龍)이라고 불렀다. 어느 해 봄날, 오룡은 허리에 차바구니를 차고, 등에는 사냥총을 들고 산으로 올라가 찻잎을 땄다. 정오까지 찻잎을 따다가 노루(山獐) 한 마리가 돌연 옆을 지나갔다. 그러자 오룡은 총으로 노루를 쏘았다. 이에 부상을 입은 노루는 죽을 힘을 다해 산속으로 도망쳤고, 오룡이 그 뒤를 쫓아가 마침내 노루를 잡았다. 노루를 등에 매고 집으로 돌아오니 이미 등을 켜야 할 시간이었다. 오룡과 식구들은 노루를 잡아서 먹느라고 차 만드는 것을 까맣게 잊고 있었다. 다음 날 새벽, 식구들이 전날 따온 찻잎으로 차를 만들려고 하는데, 생각지도 못하게 하룻밤 만에 신선했던 찻잎은 잎가가 붉게 변해 있었고, 맑은 향기를 내뿜고 있었다. 이것으로 차를 만들어 마시자 그 맛이 아주 맑으면서도 진했다. 그리고 그 이전의 쓴맛도 모두 사라졌다. 그래서 이를 반복 실험하여 위조(萎雕), 요청(搖靑), 반발효(半發酵), 홍배(烘焙) 등의 공정을 거쳐 마침내 품질이 뛰어난 새로운 차종류를 만들었으니, 이것이 오룡차이다.[8]

이상의 이야기는 오룡이 검은 뱀이 아니라 사람의 이름이며, 그것의 발견은 예의치 않은 노루사냥으로 인해 본의 아니게 딴 찻잎을 하룻밤 묵여둠으로써 우연히 발견한 제다법에서 기인한다고 설명하고 있다. 그리고 이야기의 배경이 복건성 안계현 서평향 남암촌이다. 그러므로 이 전승은 오룡차가 중국의 복건에 있다는 것은 공통되나, 무이산이

---

8 尹珺君(2013) 「中國茶: 黃茶, 白茶, 靑茶」, https://shanghaicrab.tistory.com.

67

아닌 안계 서평향이라고 한 점에서 차이를 보이고 있다. 이처럼 오룡
차는 무이산과 안계라는 두 곳이 발상지라는 전승을 가지고 있다.

　사실 오룡차에 관한 최초의 기록자는 무이산 천심영락선사(天心永楽
禅寺: 줄여서 천심사라 함)의 승려 초전(超全: 1627~1710)[9]이다. 그는 명나라
가 멸망한 후 천심사에서 출가했다. 당시 무이산의 차 제조업이 명대
(明代)의 중기에 접어들어 쇠퇴기에 되살아나 양질의 차가 생산되고 있
었다. 무이산의 각 사원들도 차밭을 소유하고 있었고, 차를 생산하고
있었기 때문에 승려들도 높은 제다기술을 가지고 있었다. 그러한 점에
서 종전의 녹차에서 제다기술을 발전시켜 최초로 오룡차를 만든 것은
무이산의 차농가와 사원이었다고 할 수 있다.

　초전은 천심사에 온 후 오룡차의 제다기술을 매일 관찰하여 「무이
다가(武夷茶歌)」를 기록했다. 그것에 다음과 같이 제다에 대한 내용을
서술했다.

　　「곡우 때에는 어디에서나 바빠, 잠도 식사도 할 수 없다.…(생략)…
　　평지는 영양이 부족하나, 깊은 계곡과 높은 절벽은 안개와 비가 많다.
　　무릇 찻잎은 맑은 하늘과 북풍이 부른 것을 좋아한다.…(생략)…배전
　　(焙煎)할 때가 되면 맑은 향기가 난다. 솥 안 통 위에서 화로의 불을 따뜻
　　하게 하여 마음은 차분하게 하고, 손은 민첩하게 놀려 정성들여 세심하
　　게 만든다」.[10]

9　속명, 완만석(阮曼錫)
10　「武夷茶歌」: 谷雨届期处处忙，　两旬昼夜眠餐废…(생략)…平洲浅渚土膏轻，幽
　　谷高崖烟雨腻。凡茶之候视天时，最喜天晴北风吹。…(생략)…大抵焙时候香
　　气。鼎中笼上炉火温，心闲手敏工夫细.

이 글을 쓴 초전이 천심사에 머문 시기가 1680년대이다. 오룡차는 아마 이 시기에 처음으로 만들어졌을 것으로 추정된다. 또, 숭안현(崇安縣) 관리 육정찬(陸廷燦)[11]이 1734년에 쓴『속다경(續茶経)』에도 다음과 같이 무이산의 제다에 대해 다음과 같이 서술했다.[12]

「무이차는 곡우에서 입하까지 채취한다.…(생략)…차를 딴 후 대 광주리에 골고루 펼쳐서 실외에 설치된 선반에 놓고 햇빛으로 말린다. 이를 요청(曬倩)이라 한다. 청색이 점차 변화되면 다시 덖고 볶는다. 양선(陽羨)의 개편차(芥片茶)는 찔뿐, 볶지 않고 불에 쬐어 말린다. 송라차(松蘿茶)와 용정차(龍井茶)는 덖을 뿐 불에 쬐어 말리지 않기 때문에 색깔이 순수하다. 다만 무이차만은 덖는 방법과 불에 쬐어 말리는 방법 모두 사용한다. 완성된 찻잎은 반은 녹색, 반은 적색이다. 덖은 것은 녹색이며, 불에 쬐어 말린 것은 적색이다. 찻잎을 딴 후는 펼치고 흔들어준다. 향기가 나오면 즉시 덖는다. 시간이 너무 길거나 부족해도 좋지 않다. 덖은 후에 불에 쬐어 말린다. 오래된 잎과 줄기는 버리고, 색깔을 하나같이 균일하게 한다.」[13]

---

11 중국 강소성(江蘇省) 가정(嘉定) 출신. 字는 秋昭(扶照) 혹은 幔亭. 崇安知縣에 취임한 경력이 있음. 그가 숭안현에 있었을 때 무이차(보헤아)가 영국으로 대거 수출되었던 시기이다. 따라서 그의 직책은 매우 중요한 자리이었을 것으로 추정된다. 그의 주요저서로는『続茶経』이외에『南村随筆』이 있다.

12 方健編(2014)『中国茶書全集校訂』(4), 中州古籍出版社, p.1723.

13 『続茶経』: 武夷茶自穀雨採至立夏…(생략)…茶採後以竹筐匀鋪, 架於風日中, 名曰曬青。俟其青色漸收, 然後再加炒焙。陽羨芥片祇蒸不炒, 火焙以成。松蘿、龍井皆炒而不焙, 故其色純。獨武夷炒焙兼施, 烹出之時, 半青半紅, 青者乃炒色, 紅者乃焙色也。茶採而攤, 攤而搞, 香氣發越即炒。過時、不及皆不可。既炒既焙, 復揀去其中老葉枝蔕, 使之一色。

　이같은 육정찬의 제다법은 현재의 것과 거의 같다. 오룡차의 제다법이 상세히 서술되어있다는 것은 당시 오룡차가 일정한 기준과 형태에 의해 만들어지고 있었음을 알 수 있다. 그러므로 오룡차는 명나라 말기 17세기 중반 무이산에서 창제되어 청나라 초기인 17세기 후반부터 생산이 확산되었으며, 「무이다가」가 나오는 1680년대에 이르면 무이산 전역의 차농가까지 확대되어 있었다고 보아야 할 것이다.

　그렇다면 어찌하여 무이산에서 오룡차라는 발효차가 생겨났을까? 여기에는 무이산의 찻잎의 특징과 지리적 환경, 기상조건이 크게 관계되어있기 때문이다. 이른바 「무이암차(武夷岩茶)」라는 무이산 오룡차의 차밭은 바위산으로 둘러싸인 깊은 산속에 있다. 이러한 환경으로 인해 사람들이 찻잎을 따면 그것을 대바구니에 넣어 험준한 산길을 통해 제다장(製茶場)까지 운반해야 했다. 특유한 오룡차의 진한 향기가 나는 것은 운반 때 흔들리면서 서로 부딪혀서 발효가 일어나는 것과 관계가 있다. 즉, 찻잎을 흔들어 진한 향기를 나게 하는 오늘날 요청법(搖青法)의 원형이라고 할 수 있다. 또 무이산 주변, 즉, 민북(閩北)지역의 찻잎은 본래 녹차에 적합하지 않다. 그 때문에 습도가 높은 무이산에서는 명나라 초기의 제다법으로는 충분히 건조시킬 수가 없다. 그리하여 배제기술(焙製技術)로 건조시킬 필요가 있었던 것이다.

　이는 명말청초 시기에 송라차(松蘿茶)의 초청기술(炒青技術)을 도입했다. 순치연간(順治年間: 1638~1661)에 주량공(周亮工)이 저술한 『민소기(閩小記)』(권1)의 「민다곡(閩茶曲)」에 다음과 같은 기술이 있다.

숭안(崇安)의 은현령(殷縣令)은 황산(黃山)의 승려를 초청하여 송라법
(松蘿法)으로 무이 차를 만들었다. 품질은 매우 좋고, 올해 나는 수량(数
両) 정도 받아 진중(珍重)한다. 무이의 송라라 부른다.[14]

숭안은 현재 무이산시의 옛 이름이다. 숭안현의 은현령은 송라법의
발상지인 황산의 승려들을 초청하여 무이차를 송라법으로 만든 것이
다. 그것은 다름 아닌 무이차의 제다에서 정식으로 송라법, 즉, 덖음
제다법을 도입한 것이다. 즉, 험준한 바위산에 둘러싸인 고온다습한
자연환경 속에서 살아야 했던 무이산 주민들이 여러 차례 시행착오를
겪은 후에 새로운 기술을 도입하였던 것이다. 그와 같은 노력이 결실
을 맺어, 종전의 녹차와는 완전히 다른 진한 향기와 맛을 내는 오룡차
가 탄생한 것이다.[15] 이같이 오룡차의 기원은 복건의 무이산에 있으며,
제다법도 그곳에서 완성되었음을 알 수 있다.

(2) 대만 오룡차의 기원과 종류

그렇다면 대만의 오룡차는 언제 어디에서 누구에 의해 시작되었을
까? 일설에는 청나라 때 오룡차의 제다법이 확립되었고, 그 기술이 복
건성의 남부 안계 혹은 광동성(広東省) 조주(潮州)에서 대만으로 전해졌
다고 한다.

대만의 오룡차가 세계에 이름을 알리게 된 것은 1840년에 발발한 아

---

[14] 崇安殷令，招黃山僧，以松蘿法製建茶。勘並駕，今年余分得數兩，其珍重
之。時有武夷松蘿之目.
[15] 棚橋篁峰(2019)「烏龍茶の誕生(福建省)—中国茶の舞台を訪ねる」『人民網科学
技術ニュース』, 2019年2月8日, https://spc.jst.go.jp〉change.

편전쟁의 영향이 컸다. 아편전쟁에서 승리를 거둔 영국은 청나라와 맺은 텐진조약(天津条約)으로 대만의 담수항(淡水港)과 태남(台南)을 개항시켰다. 이것을 발단으로 대만의 오룡차가 해외로 수출되기 시작하였던 것이다.

1858년 당시 홍콩에 있던 영국회사 「이화양행(怡和洋行.Jardine, Matheson &co)」은 오룡차의 조제품(粗製品)을 조달하기 위해 대만에 사람을 파견하여 복주(福州)에 출하하여 가공정제를 한 후에 포장하여 영국에서 판매했다. 이것을 계기로 복주에 출하된 대만 찻잎의 양은 점차 증가했다. 그리고 1861년 영국은 최초의 대만 영사로서 로버트 스윈호(Robert Swinhoe)를 파견하였는데, 그는 대만에서 다업발전(茶業発展)의 가능성을 정부에 보고했다.[16]

그 후 「이화양행」이 대만정제차엽(台湾精製茶葉)을 직접 해외수출을 하게 되어 대만차업의 해외수출이 본격화되었다. 그에 따라 찻잎의 수요가 대량으로 증가했고, 중국에서 대만으로 이주한 다수의 사람들은 차관련 업계에 종사하게 되었다.

영국 상인 존 닷드(John Dodd)는 타이베이에 양행을 설립하고 1869년 2척의 범선에 21,000kg의 오룡차를 적재하여 직접 미국 뉴욕에 수출했다. 그때 대만차는 「Formosa Tea」라는 이름으로 팔렸으며, 대인기를 끌었다. 그 이후 1872년에는 영국으로도 수출되었다.

여기서 「Formosa」란 대만의 별칭이다. 대항해시대였던 17세기에 대만을 발견한 포르투갈인이 그 아름다움에 감탄하여 무의식중에

---

16 陳慈玉(2015)「買辦から資本家へ: 日本統治期台北・大稲餓の李家」『立命館経済学』(第63巻第5・6号), 立命館大学, p.368.

「Ilha Formosa(아름다운 섬)」이라고 말한 것이 유래가 되었다고 한다. 이같은 이름을 가진 대만 오룡차는 고품질로 순식간에 세계인들의 입맛을 사로잡았다.

현재 대만에서 가장 많이 생산되는 것이 오룡차이다. 그리고 각지에서 다양한 형태와 이름으로 수많은 상품으로 나와있다. 그 중 대표하는 오룡차로는 동정오룡차(凍頂烏龍茶), 목책철관음(木柵鉄観音), 동방미인차(東方美人茶), 고산차(高山茶) 등을 꼽을 수 있다. 그럼 이 차들의 기원과 역사에 대해 살펴보기로 하자.

1) 동정오룡차

동정오룡은 대만 중부 남투현(南投県) 녹곡(鹿谷), 명간(名間), 죽산(竹山)의 세 지구에서 생산되는데, 이 지역을 총칭하여 동정지구라 한다. 이것의 품종은 재래종(蒔茶)이 아닌 「청심오룡(靑心烏龍)」이다.[17] 차문화 연구가 이다현에 의하면 이 차는 채취－자연건조－살청－단유ㆍ유념ㆍ해괴(団揉ㆍ揉捻ㆍ解塊)－정형의 순으로 이루진다고 했다.[18]

그런데 이 차는 언제부터 누구에 의해 대만에서 만들어졌을까? 이곳 출신 임봉지가 전래하였다는 전승이 있으나, 그에 대한 근거가 희박하다. 대체로 대만 북부에서 어느 누구에 의해 전래되었다고 보는 것이 유력하다. 또 복건의 이민자가 직접 전래하였을 가능성도 있으나 문헌적 증거가 없고, 실제로 남아있는 문헌에서는 1880년 전후에 녹곡에 차나무가 있었다는 것뿐이다.

---

17 왕명상(2021), 앞의 책, p.158.
18 이다현(2009) 「청차의 명차(1) 동정오룡차(凍頂烏龍茶)」 『불교저널』, 2009.12.08., http://www.buddhismjournal.com.

동정산 위에는 「100년 차수(茶樹)」라는 차나무 옆에 기념비가 있으나, 그것은 중국 복건산이 아닌 대만 재래종 「시차(蔣茶)」이다. 사실 녹곡에는 중국과 무관하게 대만의 재래종이 있다. 그것은 남투현(南投県) 인애향(仁愛郷) 미원산(眉原山)에서 자라고 있는 재래종과 같으며, 대엽종(大葉種)이다. 이것은 오룡차의 재료가 되는 청심오룡과는 다르다. 즉, 동정오룡은 대만의 재래종이 아닌 「청심오룡」으로 만들고 있는 것이다.

동정오룡의 외형은 둥글게 말려 있는 과립형이며, 찻잎의 색은 푸른 빛이 감도는 것이 특징이다. 그리고 보통 오룡차의 탕색은 진한 차색을 띠나, 동정오룡은 연한 녹색과 황색을 띤다. 맛도 녹차에 가깝다고 하나, 살청 방법에서 일본 녹차와 다르다. 그리고 일반적인 오룡차가 구수한 향기가 난다면 동정오룡은 발효도가 낮아 상큼한 과일맛과 단맛이 나는 것이 특징이다.

1800년 후반 대만의 오룡차는 주요 수출품이었다. 그리고 주요산지는 대개 대만 북부이며, 중부 또는 남투지역의 이름은 등장하지 않는 것에서 보듯이 남투의 오룡차는 다른 지역보다 시작이 늦다. 그 예로 당시 다업시험장(茶業試験場)의 타니무라 아이노스케(谷村愛之助)라는 일본인 기사가 녹곡에 조사 방문하여 「이곳의 오룡차 품질은 복건성의 고급차와 견주어도 전혀 손색이 없다」고 평가하였다는 이야기가 있다.

이 때까지만 하더라도 녹곡의 오룡차는 세상에 알려져 있지 않았다. 더구나 생산량이 적었고, 또 시험장에서도 1936년 어지(魚池)에 지소를 만들어 홍차생산에 주력을 기울였다. 그러므로 일본통치시대에는 이 지역의 오룡차 생산은 활발하지 못했다. 또한 차농가의 차밭도 그다지 많지 않았다. 당시 녹곡에는 재래종 「시차」가 다소 심겨져 있었고, 차도 만들었으나, 대개 자가 소비용이었으며, 남은 것이 있을 경우에 남에게 파는 정도이었다.

그러나 1941년경이 되면 상황은 달라진다. 녹곡에 포대에 넣어 유념하는 복건 안계식(福建安溪式) 제다법이 타이베이 대도정(大稻埕)의 차상들을 통해 전래되었다. 그리고 용안목(龍眼木)을 사용한 탄화배전(炭火焙煎) 등을 이용하는 제다법을 익힌 사람도 있었다. 이같은 제다법은 철관음 산지인 복건의 안계에서 온 제다사에게서 배운 것이었다.

1945년 이후 청심오룡종이 심어지고, 1950~60년대에 이르러 복건 안계식으로 제다하기에 이른다. 이것이 동정오룡차의 기초가 되었다. 당시 녹곡에서 생산된 차는 인력으로 전중(田中: 현재 台鉄 田中駅)까지 운반하였고, 그곳에서 다시 열차를 이용해 타이베이에 도착하여 차상들에게 넘겨졌다. 당시 최대의 차상은 임화태(林華泰)였으며, 그 중 고품질의 차는 풍원(豊原)지역에 사는 부자들이 구입해 마셨다는 증언도 있다.

실제로 동정오룡이 유명해진 것은 그보다 훨씬 뒤인 1970년경부터이다. 당시 대만의 차산업을 지탱해온 홍차 수출이 가격, 외환율의 급등, 인건비 상승 등으로 고전을 면치 못했다. 그리하여 해외수출에서 국내 내수로 돌렸고, 품질도 고급화에 노력했다. 1971년 태풍의 피해를 크게 입은 바나나 농가들이 전업 차농으로 변신을 꾀한 것도 도움이 되었다. 또 1973년 행정원장(行政院長)인 장경국(蔣経国: 1910~1988)이 녹곡을 방문하고, 녹곡의 차를 칭송한 것이 계기가 되어 전적으로 차생산지로 바뀌었다.

차농가들은 기술과 품질 향상을 위해 콘테스트를 개최했다. 대회에서 1등을 하면 보통 가격보다 몇 배나 높은 가격으로 판매되었다. 이를 통해 인지도가 높아져 동정오룡은 유명 브랜드가 되었다. 40대에 여러 차례 입상한 바 있는 임위신(林偉信)씨는 「30년전 내가 어렸을 때 녹곡은 전체가 차밭으로 덮혀 있었다. 80년대 학교 선생의 월급이 1만원이었는데, 동정오룡의 봄차는 1근(600g)에 1,200원 이상이었다」고 회상했다. 이 시기에 이미 착향이 아닌 바닐라향이 나는 금훤종(金萱種)과 취옥종(翠玉種) 그리고 맑은 향(淸香)이 나는 사계춘종(四季春種)이 개발되어, 동정오룡은 대만뿐만 아니라 일본을 비롯한 해외에서도 유명세를 떨치기 시작했다.

현재 녹곡은 차상은 많이 있으나 차밭이 많지 않다. 그 이유는 1980년대 후반부터 아리산(阿里山)과 리산(梨山) 등지에서 생산되는 고산차(高山茶)가 선호되었다. 그것에 비하면 녹곡은 800m전후의 중해발(中海拔)지역이어서 고산차에 비해 지역의 우위성이 보장되지 않았다. 또 급속한 개발에 의해 자연환경이 파괴되고, 수질오염, 토양의 피폐 등도 문제로서 대두되었다. 그 뿐만 아니라 대량 생산을 위해 간단하고 편리한 방법을 택하다가 품질이 저하되는 면도 발생했다. 이러한 상황에서 1999년 대지진의 피해로 말미암아 녹곡의 차농은 급속히 사라지고 말았다.

다만 오랫동안 녹곡에서 성장했던 제다기술은 사라지지 않았다. 지금도 녹곡에는 우수한 기술을 가진 제다사, 차밭 관리에 대한 전문적인 지식을 가진 자, 배전(焙煎) 기술자 등 갖가지 차와 관련된 전문가들이 많이 있다. 현재 이러한 기술 환경을 바탕으로 찻잎은 고지(高地)의 삼림계(杉林渓) 등지에서 조달하여 녹곡에서 제다를 하고 있다. 즉, 동정오룡은 「동정에서 생산된 찻잎으로 만든 차」가 아니라 「동정식(녹곡식)의 기술로 만든 차」라는 의미로 변해 있는 것이다.

2) 목책철관음차

타이베이시 문산구(文山区) 목책(木柵)은 원래 대만 원주민들이 살던 곳이다. 그리하여 오랫동안 한족들이 들어가지 못했던 곳이었다. 지명에서 보듯이 그곳은 목재 거래상이 있었고, 원주민들의 침입을 막는 목책이 있었다. 청나라 초기에 대만으로 이민 간 안계(安渓) 출신의 차상들은 원주민들의 인간사냥을 피하기 위해 사림(士林)에서 차를 재배하였으나 실패했고, 최종적으로는 인근의 목책에 들어가 성공했다.

이같은 곳에서 대만의 철관음이 탄생했다. 이 차의 기원도 중국의 복건에 있었다. 철관음차의 발상지는 복건의 서평(西坪)으로 알려져 있다. 이것의 기원을 설명하는 전승은 두 가지가 있는데, 여기에 대해 박영환은 다음과 같이 소개하고 있다.

하나는 위음(魏蔭)에 대한 전설이다. 『철관음발원기(鉄観音発源記)』에 의하면 1725년(雍正3) 안계현(安渓県) 서평진(西坪鎮)의 송암촌(松岩村) 송림두(松林頭)에 사는 차농 위엄(魏蔭)은 매일 아침 저녁으로 반드시 3잔의 청차(清茶)를 관음상에게 바치는 독실한 불교신자이라고 했다.[19] 그러한 그가 차나무를 발견하는 이야기의 내용은 다음과 같다.

---

19 棚橋篁峰(2005)「観音様からの授かりもの 青茶(烏竜茶)④」『人民中国』(12), http://www.peoplechina.com.cn 〉wenhua 〉tea.

1725년(擁正3) 어느 날 밤, 그는 꿈을 꾸었다. 「꿈속에서 호미를 둘러 메고 집을 나와 어느 한 계곡 가를 걷다가 절벽 바위 틈에 차나무 한 그루 가 있는 것을 발견하였다. 가지가 힘차게 뻗어있고 잎이 무성한 것이 멀 리서 한 눈에도 탐스럽게 자라있어 가까이 다가가니 그 차나무에서 난화 (蘭花) 향기가 확 풍기면서 단박에 위음의 호기심을 자극하였다. 위음은 매우 기이하게 여기고 찻잎을 따려고 하는데 갑자기 어디선가 한 무리의 개 짖는 소리가 들려오면서 문득 잠에서 깨어났다.」

잠에서 깨어난 위음은 꿈이 하도 기이하여 안타까운 마음으로 꿈속의 기억을 더듬어보느라 더 이상 잠을 이룰 수가 없었다. 그 다음날 새벽 잠 자리에서 일어난 위음은 곧장 호미를 메고 꿈속의 기억을 더듬어가며 꿈 에 본 그곳을 찾아 나섰다. 얼마 찾지 않아 관음륜(觀音崙) 타석갱(打石坑) 이란 절벽 바위에 도착하자 과연 어젯밤 꿈속에서 본 그대로 차나무 한그 루가 바위틈을 비집고 자라고 있는 것을 발견하게 되었다. 때마침 바람 이 불어와 차나무 가지와 잎이 흔들거리며 마치 위음을 반기는 듯하 였다.

위음은 놀랍고도 신기해서 기뻐하며 가까이 다가가 자세히 살펴보니 어젯밤 꿈속에서 본 그 차나무랑 똑같은 모습이었다. 잎이 타원형이고 두터우며, 부드러운 싹이 자홍(紫紅)을 띠며 잎은 금방이라도 푸른빛이 뚝뚝 떨어질듯 한 것이 보통 차와는 사뭇 다르게 보였다. 위음은 대충 손 닿는 대로 찻잎을 따가지고 집으로 돌아와 세심한 정성을 기울여 차를 만들어 우려내었다.

찻잎에 뜨거운 물을 붓자 이내 곧 기이한 향기가 코를 자극하고, 한 입 마셔보니 그 향이 목청 깊숙한 곳에서 회감하더니 정신이 맑아지고 온몸

이 날듯이 가벼워졌다. 이에 위음은 뜻밖의 더없이 귀한 보물을 얻은 듯 기뻐하며 어쩔 줄 몰라 하며 한편 마음속으로 "이것이 바로 산차왕(山茶王)[20]이구나."라고 확신하고 그 차나무를 휘묻이[21]하여 재배하기로 결심을 하였다.

위음은 일단 아무한테도 알리지 않기로 하고, 자신이 발견한 차나무에만 매달려 혼자 오직 휘묻이 번식에 열중하였다. 세심하게 정성을 기울여 휘묻이한 가지가 뿌리를 내리고 싹이 발아하기를 기다린 후, 차 모종을 몇 개의 깨진 가마솥에 흙을 담고 옮겨 심었더니 모종이 모두 튼튼하고 찻잎 또한 파릇파릇하게 돋아났다. 때를 맞춰 찻잎을 따서 차를 만들어보니 차품(茶品)의 향기가 아주 독특하고 그 품질 또한 아주 독특하였다. 이에 집안의 진귀한 보물로 여겨 찻통 속에 밀봉하여 보관하였다가 귀한 손님이 방문할 때 꺼내어 차를 대접하였다. 그러자 이 차를 마셔본 사람들은 모두 이구동성으로 이 차를 가리켜 「차왕(茶王)」이라고 극찬하였다.

하루는 어느 서당 훈장이 이 차를 마셔보고는 그 맛의 기이함에 놀라 "이 차는 도대체 무슨 차인데 이토록 맛과 향이 독특합니까?"라고 묻자 위음은 꿈을 꾼 일과 그간의 사정을 자세히 설명해 주었다. 그리고는 그 훈장에게 "아직 차 이름을 짓지 못했으니, 선생께서는 학식이 풍부하고 식견이 넓고 박식하니 이 참에 차의 이름을 지어주시지요."라고 청하자 훈장은 이에 잠시 생각하더니 "이 차는 이왕에 관음보살의 현몽으로 얻

---

[20] 일반적으로 야생차나무를 일컫는 말이다. 고로 '산차왕(山茶王)'이란 최고의 야생차를 의미한다.
[21] 나무의 가지를 휘어 그 한 끝을 땅속에 묻고, 뿌리가 내린 뒤에 그 가지를 잘라 또 다른 한 개체를 만드는 식물의 인공 번식법의 한 가지이다.

은 것이고, 처음부터 차 모종을 가마솥에 심어서 재배한 것이니 「철관음 (鐵觀音)」이라 하는 게 어울리는 멋진 이름이 될 것 같소."라고 말하자 위음은 그 이름에 흡족해하며 기뻐서 계속 "좋습니다! 좋습니다."라고 탄성을 연발하였다고 한다. 이 후부터 이 차는 '철관음'으로 세상에 널리 알려졌으며[22] 중국의 명차 중의 명차가 되었다.[23]

또 하나는 왕사양(王士讓)의 전설이다. 그는 현재 복건성 안계(安溪) 서평진(西坪鎮) 남암촌(南岩村)에 살았다. 그의 호는 「남양(南陽)」이며, 자는 「상경(尚卿)」이다. 자료에 의하면 그는 1732년(雍正10)에 과거에 합격하여 조정의 공납물을 담당하는 부공(副貢)을 10여년간 하였고, 1745년(乾隆10)에는 호북성(湖北省) 건주(蹇州)의 통판(通判: 지역정치를 감독하는 관직)을 역임했다. 그가 젊었을 때 자신의 고향 남산에다 서재를 짓고 「남헌(南軒)」이라고 이름을 지었다. 1736년(乾隆元) 그는 「남헌」에 살며, 곧잘 그곳에 친구들을 불러 환담을 나누며 시간을 보냈다.[24] 그러던 그가 어느 날 특이한 차를 발견하였는데, 그것이 철관음이 되었다는 이야기가 있는데 그 내용을 소개하면 다음과 같다.

왕사양이 어느 날 남암산 자락을 유람하다가 우연히 황무지 텃밭 층층이 쌓인 돌 틈 사이로 맑은 향이 간헐적으로 은은히 퍼져 나오는 것을 느꼈다. 그리하여 자세히 살펴보았더니 그곳에 독특한 형태의 차나무 한

---

22 현장에는 「魏蔭鉄観音発源地」라는 비석이 있고, 그 옆에는 母樹가 서 있다.
23 박영환(2009) 「중국차문화사(41) 철관음①」, 『불교저널』, 2014.05.02., http://www.buddhismjournal.com/news/articleView.
24 棚橋篁峰(2005) 「七泡シテ余香有リ 烏竜茶⑤」 『人民中国』(12), http://www.peoplechina.com.cn 〉 wenhua 〉 tea.

그루가 자라나 있었다. 이를 발견한 그는 몹시 기뻐하며 곧바로 그것을 자신의 화원에다 옮겨 심었다. 그리고 지속적으로 관심을 가지고 세심하게 관찰해 보았다. 그 차나무는 성장 속도가 매우 빨랐고, 가지와 찻잎도 다른 것에 비해 무성하게 자라난다는 사실을 알았다.

그 이듬해 봄 그는 봄차 채적 시기에 맞춰 찻잎을 따고 차를 만들어 보았다. 그러자 차의 모양이 특이하고, 향기가 꽃향과 같이 향기롭고 맛도 아주 순후(醇厚)하였다. 그는 "이 차는 분명히 기이한 차다."라 생각하여, 그 차를 정성스럽게 포장한 뒤 아무도 모르게 깊숙이 보관하였다.

1741년(건륭6) 그는 황명을 받들어 황제가 있는 북경으로 부임하게 되었다. 이때 깊숙이 보관해 둔 차를 함께 가지고 북경으로 가서 예부시랑(禮部侍郞) 방포(方苞)에게 선물로 주었다. 그는 고가의 물건을 보는 식견을 가지고 있었다. 그 뿐만 아니라 고급 차를 알아보는 안목도 가지고 있어서 사람들은 그를 「차선(茶仙)」이라고 불렀다. 그러한 방포가 왕사양에게 받은 차의 향기를 맡자마자 이내 보통의 차가 아님을 감지하고 다시 포장을 하여 즉시 공품(貢品)의 형식과 예(禮)를 갖추어 건륭황제에게 바쳤다.

건륭황제는 평소 차를 무척 좋아했다. 그리고 찻물로 사용되는 샘물에 대해 조예도 깊어 천하를 주유하며 전국의 유명한 샘물의 서열까지 직접 정할 정도로 차 애호가이자 찻물의 전문가였다. 황제는 방포로부터 공차(貢茶)로 올라온 왕사양의 차를 마셔보고는 진정 「가품(佳品)」임을 금방 알아차리고 즉시 어명을 내려 왕사양을 불러오게 하였다. 왕사양을 직접 만나보고는 "이 차는 도대체 어디서 구해온 차인가?"하고 물었다. 이에 왕사양은 이 차를 발견하고 만들게 된 모든 과정을 상세히 설명했다. 이를 다 들은 황제는 다시 차를 꺼내어 세심하게 모양을 살핀 후 손대 중으로 찻잎의 외형적 긴밀도와 무게 등을 재보고는 "이 차가 발견될 때 마치 관음보살의 모습과도 같이 신비스러웠고 그 무게가 쇠를 든 듯하니 「철관음」이라 이름 하되, 철관음 차나무를 발견해서 이 차를 만든 곳이 「남암(南岩)」이니 이름 앞에 지명 두 자를 덧붙여 「남암철관음」이라고 하라."고 했다.[25] 그리하여 이 차에 「철관음」이라는 이름이 탄생했다.

이같은 전설에서 보듯이 철관음의 기원에 대한 설명은 각기 다르며, 또 세부적으로 본다면 하나는 서평진 송암촌의 위엄에게서 찾고 있다 면, 다른 하나는 서평진 남암촌의 왕사양에게서 그 기원을 찾고 있다 는 점이 서로 다르다. 그러나 이 두 가지 전설은 복건성 안계 서평진이 라는 점에서는 하나의 공통점을 이룬다. 그러므로 철관음의 발상지는 크게 보아 복건성 안계리고 보아도 크게 틀리지 않는다.

이러한 철관음이 대만에 어떻게 전래되었을까? 여기에 대해 많은 사람들은 철관음의 고향 복건의 안계에서 전래되었으며, 그 인물은 「장내묘(張迺妙)와 장내건(張迺乾)의 형제」라고 설명한다. 안계에서 전 래된 것은 맞지만, 장씨 형제가 전래하였다는 것은 잘못된 것이다. 왜 냐하면 이 두 사람은 형제가 아닌 먼 친척이며, 장내묘의 실제 동생은 장내성(張迺省)이지 장내건이 아니다. 그의 동생 장내성은 형과 함께 차상을 한 것이 아니라 대만에서 말레이시아의 페난도로 이주하여 의 사로서 생애를 보낸 인물이기 때문이다.

---

25 박영환(2009) 「중국차문화사(42) 철관음②」 『불교저널』, 2014.06.04., http://www.buddhismjournal.com/news/articleView.

그림 1 장내묘(張迺妙: 1875~1955)

정확히 말하여 복건의 안계에서 철관음의 차나무를 전래한 사람은 장내묘 한 사람이었다. 그는 1875(또는 1874)년 대만 목책에서 출생했다. 1895년경 그는 원적인 안계 대평(大坪)에 여행을 가서는 서평(西坪)에서 구한 12그루의 차나무를 가지고 대만으로 돌아와 목책에 심었다. 이것이 목책철관음의 출발이다.

그러나 그는 단순한 차의 전래자가 아니었다. 어릴 때 부친을 잃고, 통칭 당산다사(唐山茶師)로 불리는 복건의 제다사에게 제다를 10여년 배운 사람이었다. 그의 스승이 고향으로 돌아간 후 장호산(樟湖山)에서 독자적으로 다원을 개간하고, 양질의 토지를 선택하여 차나무를 심었다. 그때 그는 철관음을 생산하지 않았다. 그는 1921년 설립된 문산다업주식회사(文山茶業株式会社)에서 제다사로서 근무했다. 그러면서 총독부의 명으로 순회교사(巡回教師)로서 각 지역에서 개최되는 차강습회의 강사도 함께 했었다.

1919년경 투자가의 요청으로 다시 안계로 건너가서 철관음 1000주를 가지고 돌아왔다는 이야기가 있다. 그러나 그가 현역시대에 만들었던 것은 철관음이 아니라 주로 포종차였다. 그 증거로 1916년 대만권업공진회(台灣勸業共進會)가 개최한 「초제포종차품평(初製包種茶品評)」에서 그가 「총독특등금패상(総督特等金牌賞)」을 수상하였기 때문이다. 여기서 보듯이 그는 포종차로 수상하고 있다.

이 때 결과에 불만을 품은 다른 출전자들로부터 이의제기가 있었다는 일화가 지금까지도 유명하다. 당시 경쟁자들은 그의 차를 보고 「이것은 중국의 스승으로부터 받은 차이다. 대만에서는 이같은 고품질의 차를 만들어 질리가 없다」고 항의했다. 이를 받아들인 총독부가 철저히 조사한 결과 장내묘가 직접 만든 것임이 밝혀졌다. 그러자 이번에는 「오래된 철관음의 즙(汁)을 조금 섞어 색과 향을 좋게 한 것이다」는 의문이 제기되었다. 재조사 결과 장내묘의 다원에 있는 12그루의 철관음 차나무는 모두 젊고 수확할 수 없는 것들이어서 철관음의 혼입에 대한 의혹도 해소되었다. 이같이 우여곡절을 거쳐 정식으로 대만총독의 금상이 수여되자, 그는 일약 대만 차업계에서 주목받는 인물이 되었다. 그가 금상을 받을 수 있었던 것은 그의 제다가 다른 사람의 것과 달랐기 때문이라는 해석이 있다. 만일 그것이 사실이라면 그 때 발휘된 그의 제다기술은 대만이 아닌 복건의 안계에서 익힌 것일 가능성이 높다.

그가 본격적으로 철관음을 만든 것은 1935년 정년퇴직한 이후의 일이다. 그때부터 그는 철관음차를 재배하고, 제다를 연구하기 시작했다. 그가 만든 차를 실제로 구입한 적이 있다는 차상 장협흥(張協興)의 장정정(張丁頂: 2019년 현재 97세)씨에 의하면 「그는 주변의 차농가에 제다기술을 전수하는 일은 없었고, 자기 일족들에게만 가르쳤다. 이 것은 당시 대만인의 발상으로서는 지극히 당연한 일이었다」고 술회했다.[26]

그 당시 대만일일신문(台湾日日新聞)에「서방(瑞芳) 사각정(四脚亭: 현재 新北市)에 안계에서 가지고 온 철관음 품종을 심었더니, 생육이 순조로웠다. 우수한 제다사를 초빙하여 배전(焙煎)하여 차를 만들었는데, 그 품질이 현지에서도 뒤떨어지지 않았다. 금후 대만에서 장려하고, 그 것으로 명산품을 지향한다」는 기사가 있다. 이를 보면 그 당시 총독부도 철관음의 우위성을 인정하고, 서방의 차업자에게 위탁하여 제다를 기획했음을 알 수 있다.

제2차 세계대전이 시작되면 장내묘가 철관음종을 심었던 차밭은 식량 확보를 위해 잡곡이나 토란 밭으로 변하고 만다. 다시 말해 본격적인 철관음차 생산은 전쟁과 더불어 중단되고 말았다. 1945년 이후 그는 새롭게 차밭을 개간하고 새롭게 차나무를 심었다. 그러나 제대로 부활되지 못하고 끝나고 말았다.

1955년 그가 사망하였을 때에도 철관음은 만들어지고 있었다. 생산량은 많지 않고, 희소성 가치가 있어 가격은 높았다. 그러나 철관음은 대만 차의 주류라는 평가는 좀처럼 보이지 않는다. 그에 대해 장정정(張丁頂)씨는「1950-60년대 철관음은 중남부 지역에서 수요가 있어서 태남(台南), 가의(嘉義), 태중(台中), 풍원(豊原) 등지에 상품으로 나갔다」고 한다. 그 이유는 당시 그곳은 재력가들이 많았고, 그 중 부자들은 중국산 철관음을 수입하여 마시던 분위기가 있었기 때문이다.

26 須賀努(2019)「鉄観音茶の歴史とは」『交流』(937), 日本台湾交流協会, p.30.

그러나 청일전쟁 이후 중국과 대만의 교류가 어려워졌고, 또 전후에는 단절되어있었다. 그리하여 중국차는 홍콩 경유로 대만에 수입되어 비밀리에 유통되었으나, 그 양이 너무 적어 그 부분을 목책에서 생산된 철관음이 채웠다. 당시 안계 철관음은 목책 철관음의 10배 가격이었다. 이처럼 중국산 철관음보다 유리한 위치에 점해 있었음에도 불구하고 목책철관음의 생산량은 증가되지 않았다. 가장 큰 이유는 철관음은 성숙한 찻잎을 사용하는데, 그 채다시기가 한정되어 있어서 찻잎 수확량이 많지 않았기 때문이었다.

1980년대 이등휘(李登輝: 1923~2020) 시장시대에 도로가 열리고, 타이베이시와의 교통이 편리해짐에 따라 차농가들이 직접 찻잎을 소비자에게 판매할 수 있게 되었다. 또 타이베이시 문산구(文山区) 묘공(猫空)[27]이 관광지화가 되고, 그곳에서 생산된 목책 철관음의 이름이 유명세를 타기 시작했다. 그 당시「대만 철관음」의 큰 특징을 생산자들은 대체로「고발효(高発酵)와 중배전(重焙煎)」이라는 견해가 많다.

철관음의 외형적인 특징은 찻잎이 구슬처럼 말려있다는 점이다. 이는 찻잎을 천에다 사서 비빈 후, 힘주어 꽉 짠 다음, 성형→배전(焙煎)→천을 풀고 찻잎을 풀어헤치는 해괴 작업을 한다. 이같은 작업을 여러 번 반복한 후 시간을 들여서 배전(焙煎)을 하면서 찻잎을 구슬형으로 만들어 간다. 이를「철관음 제다법」이며, 사실 찻잎에는 상당히 부담을 주는 방법이다. 이러한 기술의 기원도 복건의 안계에 있었다. 따라

---

27 지명상으로 보아 고양이와 관련된 것으로 생각하기 쉬우나, 고양이와는 아무런 관련이 없다.「묘공」이라는「웅덩이가 많은 장소」라는 의미의 대만어에서 유래되었다는 것이 유력하다. 이곳도 목책철관음의 생산지이다. 이곳에도 장내묘일가가 안계 철관음을 심었다는 이야기가 있다.

서 제다사 장내묘는 차 묘목뿐만 아니라 제다기술까지 전래했다고 보아야 할 것이다.

이같은 역사를 가진 철관음 품종은 신기하게도 타이베이시의 목책을 중심으로 극히 일부 지역 이외에는 퍼져나가지 못했다. 그 이유는 정확히 알 수 없으나, 대체로 다음과 같은 이유일 것으로 생각된다.

첫째, 제다는 유념과 배전(焙煎)을 여러 차례 반복되어야 하므로 완성까지 약 1개월 이상의 시간과 노력이 필요하다.[28] 둘째, 내한성(耐寒性)이 약해 재배가 어렵다. 사실 현재 목책에서 조차 철관음 품종은 거의 없다. 셋째, 초제차(初製茶)는 4~5회의 배전(焙煎)에 견뎌낼 수 있는 높은 발효도가 요구되기 때문에 숙련된 제다사라 하더라도 성공률이 낮다는 점이다.

이같은 까다로운 특징을 가지고 있어서 좀처럼 타지역으로 확대되기 어렵다. 즉, 제다와 재배에 어려움이 있기 때문이다. 그러나 희소가치로 인해 가격은 일반적인 차에 비해 꽤 높은 편이다.

흔히 목책 철관음의 또 하나의 특징으로 발효도가 40% 전후가 될 정도로 높고, 그 맛의 매력이 후운(喉韻)에 있다고 한다. 즉, 목구멍을 통과한 후 생겨나는 박하를 연상키는 청량감과 복숭아와 같은 진한

---

[28] 焙煎은 80~110℃의 불을 茶葉全体에 돌리며 열을 조정하면서 바구니 속에 들어 있는 茶葉을 攪拌하여 불을 넣은 후에 4~7일을 식힌다. 이러한 작업을 4回 정도 반복한다. 完成까지 걸리는 1개월 동안은 잠시도 찻잎에서 눈을 떼어서는 안된다. 매일 시음해보면서 水分循環과 熟成상태를 검사하고, 그 다음 단계의 焙煎 시간을 가늠한다. 焙煎은 熟果香를 최대한 인출하여 찻잎에 생명을 불어넣는다. 熟果香이 정점에 달하였을 때 불을 약하게 한다. 이같은 판단이 茶師의 중요한 기술이다. 이를 조금이라도 놓치면 탄 냄새가 나면 상품가치는 없다. 즉, 전과정의 작업이 수포로 돌아간다. 焙煎의 목적은 酸味를 억제한다거나 맛을 조절하기 위한 것이 아니다. 찻잎이 가지는 가능성을 정확히 파악하고 보다 가치를 높이기 위한 작업이다.

그림 2 장내묘의 손자 장위의(張位宜)씨

과실향이 난다는 것이다. 이것이 칠괸옴의 가격을 결정짓는 요소로
작용한다.

앞에서도 잠시 언급하였듯이 현재 목책에는 차밭이 거의 보이지 않
는다. 대부분의 차는 타이베이시 주변에는 차밭이 있다고 하나, 그 수
또한 많지 않고, 생산량도 적다. 그럼에도 목책 철관음이 시장에 유통
되는 대부분의 것들은 찻잎이 목책에서 생산된 것이 아니다. 목책이
아닌 타 지역에서 생산되는 타품종이거나, 중국에서 수입된 철관음종
을 목책에서 배전한 것들이다.

현재 목책에는 「장내묘다사기념관(張迺妙茶師紀念館)」이 있다. 이
기념관은 장내묘의 아들 장귀부(張貴富)씨의 발안으로 기념관의 건립
이 계획되고, 그 후 12년간 준비기간을 거쳐 1995년에 개관했다. 그

해는 장내묘가 처음으로 대만에 철관음차를 전래한지 100주년이 되는 해이기도 했다. 현재는 그의 손자인 장위의(張位宜)씨가 운영하고 있다.

3) 동방미인차

대만에는 동방미인이라는 매우 특이한 이름을 가진 차가 있다. 그만큼 우리나라에서도 인기가 높고, 세계에서 가장 고가로 유통되는 오룡차이다.[29] 이 차는 주로 대만 북부인 신죽(新竹)과 묘율(苗栗)에서 생산된다. 이 차가 처음으로 해외로 수출된 것은 1869년의 일이다. 「Formosa Oolong」이라는 이름으로 미국 뉴욕시장에 선을 보였으며,[30] 그 때부터 세계인들의 이목을 집중시켰다. 그리고 일본통치시대에도 그것은 대만의 주요 수출품이었다.

이 차가 기록으로 처음 나타나는 것은 1914년부터이다. 그 해 6월에 발행된 『대만다업개설(2)』에서 유월백(六月白)이라는 7월 상순부터 8월 중순의 시기에 만들어진 찻잎은 백호(白毫) 즉, 싹(芽)에 있는 산모(産毛)가 눈에 띄는 것, 잎은 일아이엽(一芽二葉)으로 만든 우량오룡차를 「凸風茶」라 한다고 했다. 현재 동방미인차도 일아이엽(一芽二葉)으로 만들고 있다. 그리고는 「凸風茶」라고 쓴 것에 객가어로 「풍폰티」라고 토를 달고 있다. 그 발음은 현재 동방미인의 다른 이름인 「병풍차(椪風茶)」 「Pom-Fong tea」를 말하고 있음이 틀림없다. 즉, 동방미인차인 것이다.

---

[29] 조정용 · 문제학 · 박근형 · 마승진(2007) 「발효차의 향기(Ⅱ)—동방미인차의 향기성분 및 발현 유전자—」『식품과학과 산업』(40-4), 한국식품과학회, p.49.
[30] 왕명상(2021), 앞의 책, p.163.

제다법은 채다(採茶) — 일광위조(日光萎凋) — 실내위조 및 교반(攪拌) — 초청(炒菁) — 정치회윤(靜置回潤) — 유념(揉捻) — 해괴(解塊) — 건조(乾燥)의 순으로 한다. 이를 좀 더 알기 쉽게 간략히 설명하면 다음과 같다.

먼저 새순 하나와 새잎이 둘을 취하는 일창이기(一槍二旗)의 잎을 따서(채다), 바닥에 넓게 펴서 햇빛아래에서 건조시킨 후(일광위조), 실내로 옮겨 다시 건조시켜(일광위조), 점점 시들기 시작한 찻잎을 광주리 안에서 휘저어 섞는다(교반). 그 작업이 끝나면 찻잎을 덖기 시작한다(초청). 덖은 찻잎은 열기가 식기 전에 수분을 균등하게 하는 회윤과정을 거친 다음 비비기에 들어간다(유념). 그리고 덩어리가 진 것을 풀어주는 공정(해괴)을 1~3번 거친 후, 찻잎을 말린다.

이렇게 만들어진 동방미인은 발효도가 60~80% 정도로 높아 홍차에 가까운 맛을 지닌다. 그리고 외관상의 특징으로는 오룡차로서 제다한 후 찻잎 끝에 백호(白毫)라 불리는 잔털(産毛)이 하얗게 남아있다는 점이다. 이 때문에 백호오룡차(白毫烏龍茶)라고도 불린다. 또 샴페인과 같은 향기가 난다 하여 향빈오룡(香檳烏龍)이라고 하며, 또 갈색·백(白)·홍(紅)·황(黃)·녹(綠) 등 다섯 색깔을 띤다하여 오색차(五色茶)라고도 한다.

또 이 차는 한 때 「번장오룡차(番庄烏龍茶)」이라고 불리기도 했다. 이 차를 제다하는 전문의 다관(茶館)의 주된 고객은 서양인들이었다. 서양인을 당시 사람들은 「양번(洋番)」이라 하였고, 다관을 「번장관(番庄館)」이라 하였으며, 이들이 찾고 마시는 차가 동방미인이었기에 「번장오룡차(番庄烏龍茶)」이라고 하였던 것이다.

또 지역 마다 이름을 달리하기도 하는데, 가령 묘율은 1980년 당시 부총통 사동민(謝東閔: 1908~2001)이 복수차(福壽茶)라고 명명한 바가 있

다. 그러다가 1995년 현장(縣長)이었던 하지휘(何智輝)가 묘율에서 생
산되는 병풍차(椪風茶), 동방미인차(東方美人茶), 백호오룡차(白毫烏龍茶)
라고 불리는 명칭을 「묘율병풍차(苗栗椪風茶)」라고 통일시켰다. 그에
비해 신죽(新竹)은 「신죽현 동방미인차(新竹縣東方美人茶(膨風茶))」라고
명칭을 통일시켰다. 그러나 오늘날에는 동방미인이라는 이름이 어느
다른 이름보다도 일반화되어있다.

　동방미인이라는 이름의 발생이 영국여왕과 관련하여 설명하는 것
들이 많다. 가령 그 이름을 영국의 찰스 2세(재위: 1649~1685)의 아내인
케서린 혹은 빅토리아 여왕(재위: 1837~1901)이 지었다는 설이 있다.[31] 그
리고 누구인지를 지칭은 하지 않지만 영국 여왕이 유리컵에 넣어 마셨
을 때 그 아름다움을 보고 「오리엔탈 뷰티(Oriental beauty)」라고 했다는
이야기도 소개되고 있다. 그러나 이러한 이야기들은 모두 백호오룡차
가 탄생하기 이전이기 때문에 신빙성을 가진다고 보기 어렵다. 아무튼
구미에서는 이 차가 「Oriental beauty」로 소개되고, 동아시아에서는
「동방미인」이라는 이름 그대로 정착했다.

　동방미인차에는 또 다른 몇 가지 특징들이 있다. 첫째는 생산지가
광동성 출신 객가인들의 집단 거주지라는 점이다. 동방미인의 생산지
인 신죽의 수기림(樹杞林), 북포(北埔), 남장(南庄), 아미(峨眉) 그리고 묘
율의 죽묘(竹苗)는 모두 객가인들이 다수 거주하고 있는 지역이다. 그
러므로 동방미인은 객가인들을 대표하는 차라고 할 수 있다.

　둘째는 차품종이 「청심대유종(青心大冇種)」이 주를 이룬다는 것이

31　今野純子(2019)「製茶から見る東方美人茶の変遷ー 二〇一八年東方美人茶製茶報
　　告を通してー」『立教史学: 立教大学大学院文学研究科史学研究室紀要』(4), p.45.

다. 「청심대유종」의 「대유(大冇)」란 「큰 내용이 없다」 「내용 빈약」이
라는 의미의 말이다. 이 말은 차뿐만 아니라 고구마에도 사용되는 말
이다. 차의 품종인 「청심대유종」은 같은 청심종인 청심오룡종과 비교
하면, 찻잎 자체는 크나, 품질이 떨어져 생겨난 이름이었다.[32] 그 반면
수세가 강하고, 이식 후 생육도 빨라 청심오룡종 보다 1년 빨리 채엽이
가능하고, 또 수확량이 많다는 특징을 가지고 있었다. 즉, 신죽의 객가
인들이 품질보다 수확을 중시하였던 것이다.

셋째는 벌레 먹은 찻잎으로 만든다는 것이다. 여기에 대해 이데
키와타(井出季和太)의 『대만치적지(台湾治績志)』(1937년)에 다음과 같
은 일화가 소개되어 있다.

　19세기 신죽의 어떤 차농이 차나무들이 해충의 피해를 입어 차를 만들
수 없게 되었다. 그 농부는 찻잎을 버리자니 너무 아끼워 벌레 먹은 잎으
로 차를 만들어 내다 팔았는데, 맛과 향이 너무 좋아 사람들이 많은 돈을
주고 사 갔다. 농부가 마을로 돌아와 사람들에게 그 사실을 말했더니 사
람들이 믿지 않고, 그에게 「허풍」 또는 「거짓말」을 뜻하는 대만어인 「팽
풍(膨風)」이라고 소리쳤다. 그리하여 이 차를 「팽풍차(膨風茶)」라 한다.

이러한 일화로 인해 이 차가 「팽풍차」가 되었고, 그 후에 「팽풍」이
란 말이 좋지 않은 의미이어서 병풍(椪風)이라는 말로 바꾸어 「병풍차」
로 하거나 「팽풍」이라는 말을 그대로 사용하여 「팽풍차」라고 불리게

---

[32] 今野純子(2019) 「一九二〇年代における新竹州客家人の台頭と台湾茶業の分岐
　　—茶樹品種「青心大冇(タイパン)種」を通して」『東洋学報』(101-3), 東洋文庫, p.16.

되었다는 이야기가 있다.

또 이 차가 「팽풍차」라 불리는 것에 대해 다르게 설명하는 경우도 있다. 가령 과거에 이 차가 한정된 양만 생산되어 고급품을 구하기 힘들었다. 그리하여 차상들이 동방미인의 등급을 속이고, 가격을 혼란스럽게 한 결과 민간에서 「허풍」이라는 이름을 얻게 되었다는 것이다. 또 원래 대만은 오랫동안 일본의 식민지였는데, 대만에서 생활하는 일본인들의 취미가 고상하여 좋은 물건이라면 아무리 비싼 값에도 상관하지 않았다. 그래서 일본인들이 동방미인이 좋다는 이야기를 듣고 1근에 쌀 1200근 상당의 돈을 내고도 샀다는데, 이 말을 전해들은 대만인들이 이를 믿지 못하고 허풍이라 생각했다는 이야기도 있다. 그런가 하면 일제시대 신죽현 북포에서 만든 동방미인을 대만총독부의 고관이 맛보고 백호비대(白毫肥大) 풍미독특(風味獨特)하다고 극찬하며 팽풍이라는 이름을 붙였다 한다. 이처럼 민간에서는 다양한 일화가 있다.

이 차의 가장 큰 특징은 이상의 이야기에서도 보았듯이 벌레 먹은 찻잎으로 차를 만든다는 것이다. 그리하여 이 차를 저연차(著蜓茶)라고도 한다. 「저연(著蜓)」이란 병충해가 만연한다는 뜻이다. 그 벌레를 차농들은 「부진자(浮塵子)」라 불렀다. 그러나 학명으로는 「Empoasca onukii」이며, 영어로는 「tea green leafhopper」, 중국어로는 소록엽선(小綠葉蟬)이라 한다. 이른바 해충이다.

이 벌레들은 주로 새싹을 공격하여 갉아먹기 시작하면 그 잎이 위조가 이루어져 제다를 할 수 없게 된다. 외관으로도 홍갈색으로 변하여 보기 좋지 않을 뿐 아니라, 찻잎의 성장도 멈추게 하여 당연히 수확량도 감소하였기 때문에 사람들은 해충이라는 인식이 있었다. 그러므로 위의 이야기에서 보듯이 그러한 찻잎은 차를 만들지 않고 버렸다. 그러한 상황에서 그것으로 만든 차를 비싼 값으로 팔았다고 하였을 때 모두 거짓말이라 했던 것이다.

그러한 인식은 농업당국도 가지고 있었다. 그 예가 타니무라 아이노스케(谷村愛之助), 이노우에 후사구니(井上房邦)의 지속적인 연구이다. 그들은 1921년 「차아발육상황보고(茶芽發育狀況報告)」중 여름차(夏茶)에 관한 보고를 했다. 그 내용 가운데, 「중엽부터 부진자가 크게 발생함에 따라 발아가 위축되고, 계속되는 가뭄으로 수세(樹勢)가 약해지고, 찻잎은 개엽경화(開葉硬化)되어 수량도 적고 품질도 좋지 않다」라고 지적하고 있다.[33] 즉, 부진자의 영향으로 생산량, 품질이 모두 좋지 않았다고 보고하고 있는 것이다.

그러다가 1923년의 보고에서는 「부진자가 창궐하여 극도로 피해를 입었기 때문에 차싹은 거의 위축되고 생육이 불량하여 제1회 여름차는 크게 감소될 것으로 보인다」고 지적하고는, 「그러나 제다품질은 비교적 양호하다」라고 했다.[34] 즉, 부진자의 발생으로 피해를 많이 입었지만, 품질은 좋다는 평가를 내리고 있는 것이다. 한편 1926년의 보고에서는 「제2회 여름차에 이르러 강우와 윤택으로 차싹의 발육이 극히 양호하여 거의 봄차 때와 같을 정도로 성황을 이루었다. 전년에 비하면 2~3할, 평년에 비해 3~4할 정도 수확량이 증가했다. 그러나 제품품질은 평년에 비해 다소 떨어지는 것을 면할 수 없었다」고 하고 있는 것이다.[35] 즉, 이들은 병충해가 입지 않고 수확량이 많았을 때가 품질이

---

33 谷村愛之助·井上房邦(1928)「茶樹品種試驗成績第一報告」『臺灣總督府中央研究所農業部彙報』(第58號), p.7.

34 谷村愛之助·井上房邦(1928), 앞의 글, pp.9-10.

좋지 않은 차가 생산되었다는 것을 파악하고 있었던 것이다. 그리하여 「특히 부진자의 피해를 입은 새싹으로 만드는 것이 가장 좋다, 품종으로는 청심대엽오룡 즉, 「청심대유종(靑心大冇種)이 가장 좋다」고 판단을 내리고 있다.[36]

이러한 상황으로 판단한다면 「벌레 먹은 잎으로 만들어 최고의 맛을 내었다는 동방미인」은 20세기 초에 당시 농업관계자와 객가인 차농들의 노력에 의해 성립된 것으로 볼 수 있다.

동방미인은 벌레의 내분비물에 의해 2차 대사기능이 일어나 향기 성분이 발생하는 것이다. 6월 24절기 중 망종(芒種) 시기에 「부진자」가 먹은 찻잎을 사용하여야 가장 양질의 제품이 만들어진다. 그러므로 이제 동방미인은 「부진자」가 갉아먹은 찻잎이 없으면 고급의 「병풍차」가 되지 않는다. 이같이 벌레에 의한 피해를 이용하여 만든 차로는 인도에 다즐링의 홍차가 있다. 따라서 동방미인차가 다즐링 홍차와 같은 맛이 난다고 한 것은 그 이유가 바로 여기에 있다.

그러한 특성을 유지하기 위해서 농약은 일체 사용하지 않는다. 또 타 지역에서 뿌린 농약이 날아오지 않게 하여야 한다. 그리고 벌레의 발생도 외부요인(기후, 습도, 바람)에 크게 좌우되므로 재배에도 특별히 주의를 요한다. 따라서 동방미인의 차밭에는 다른 차와 달리 잡초가 무성한 경우가 많다. 또 「부진자」는 해발이 높은 고지대에서는 살 수 없어 차밭이 저지대에 있어야 한다.

이처럼 까다로운 점이 많고, 또 생산량도 많지 않아 소자본의 농가

---

35 谷村愛之助 · 井上房邦(1928), 앞의 글, pp.9-10.
36 谷村愛之助 · 井上房邦(1928), 앞의 글, p.31.

로서는 하기 어려운 점이 있다. 그러나 한정된 극히 일부지역에서만 생산되며, 여름철 1회만 채엽을 하고 있기 때문에 비싼 가치를 지닐 수밖에 없다. 이같이 벌레가 안심하고 먹을 수 있는 차라는 것은 유기농법과 무농약 재배로서 기른 차라는 것이기도 하여 높게 평가 받고 있다. 그 뿐만 아니라 수확량이 적어 희소가치도 높일 수 있었다. 현재 대만 국내에서는 수요가 꾸준히 늘고 있으나, 생산량이 그에 따르지 못하고 있는 실정이다. 이것 모두 「부진자」라는 벌레가 주는 혜택임에 틀림없다.

4) 고산차

고산차는 품종 청심오룡(靑心烏龍)을 사용하여 만든 발효도가 낮은 오룡차이다. 이러한 차를 고산차라 함은 「해발 1000m 이상에서 생산된 찻잎으로 만든 반발효차」라고 사전적 정의를 내린다. 왜 1000m를 기준으로 삼았는지 알 수 없으나 그것이 고산지대에서 나는 청정한 찻잎이라는 점을 강조하고 있다는 것을 느낄 수가 있다.

사실 고산차와 평지차의 분기점이 애매모호하다. 북부에서는 문산포종차(文山包種茶)가 생산되는 평림(坪林)은 표고가 600~800m이다. 그에 비해 열대에 가까운 중남부 지역의 분기점은 불과 수백m정도밖에 안된다. 더구나 북부와 남부가 서로 기후가 다르기 때문에 표고로 선을 긋는다는 것은 무리이다. 좀 더 엄밀하게 말하자면 같은 지역의 같은 다원이라 할지라도 계절의 기후에 따라 고산차의 특징이 있기도 하고 없기도 한다. 이 경우의 고산차는 산지의 위치가 아니라, 그것이 가지고 있는 특징이 중요하다. 즉, 고산차의 특징을 가지고 있는 것이 고산차이며, 가지고 있지 않으면 평지차이다.

현재 고산차는 가의(嘉義), 남투(南投), 태중(台中)의 3지역에서 주로 생산된다. 가의에서는 아리산(阿里山), 남투에서는 삼림계(杉林溪)[37]가, 태중에서는 리산(梨山)[38]과 대우령(大禹嶺)[39], 복수산차(福壽山茶)[40]가 각각 생산되고 있다.

이러한 고산차는 언제 어디에서 시작된 것일까? 어떤 이는 태중의 리산(梨山)이라 하고, 또 어떤 이는 가의의 매산(梅山)이라고도 한다. 그만큼 발상지로서 어느 특정한 지역을 지목하기 어렵다. 그러나 그것의

---

[37] 南投縣 杉林溪에서 생산되는 차를 말한다. 이곳은 표고 1,400~1,800m를 넘는 고산에서 재배되는 차로 만드는 대표적인 고산차이다. 이 지역의 주변은 삼림과 산으로 둘러싸여 있기 때문에 토양이 비옥하여 찻잎이 성장하기 좋은 환경이다. 고산지역이기 때문에 일교차와 밤낮의 온도차가 심하고, 짙은 안개(濃霧)와 강우량도 많다. 이같은 험준한 환경에서 자라기 때문에 雜味가 없는 양질의 찻잎이 생성된다. 또 수확 시기가 봄차와 겨울차의 2회만 하기 때문에 수확량이 한정되므로, 희소가치가 높은 고급 오룡차로서 대만에서 인기가 있다. 차의 색깔은 투명감이 있는 靑桃色으로 쓴맛을 억제한 깊은 맛과 상큼한 단맛을 즐길 수 있다.

[38] 台中市 梨山茶区에서 생산되는 차를 말한다. 이곳은 표고 1800~2600m에 위치한 곳으로 배의 과수원과 고산차의 고급 차산지로 유명하다. 주위가 높은 중앙산맥으로 둘러싸여 있고, 冷涼한 기후이고, 밤낮의 온도차가 심해 찻잎의 생육과 재배에 적합하다. 차의 색깔은 맑은 황금색이며, 깊고 우아한 단맛과 fruity한 향기를 즐길 수 있다.

[39] 台中市 大禹嶺茶区에서 생산되는 차이다. 이곳은 해발 2500m 이상의 고산지대이므로 세계에서 가장 높은 차 산지이다. 원생림(原生林)이 90% 이상 되는 고지대 산림지대로 밤과 낮의 기온차가 심하고, 일조시간이 짧기 때문에 통상 광합성에 의해 상실되어버려 단맛이 풍부하다. 그리고 차의 성장이 늦기 때문에 많은 영양성분과 깊은 풍미가 응축된 양질의 찻잎이 된다. 표고의 관계상 연 2회만 수확하므로 생산량이 적다. 그러므로 대만에서는 극히 제한된 사람들만 구입이 가능하다. 차의 색깔은 취록색(翠緑色)이며, 몇 번이나 우려내도 맛과 색이 변함이 없다.

[40] 이 차는 南投縣의 최북단인 台中県, 花蓮県과의 경계지역 해발 2600m 고지에서 생산된다. 이 차는 부드러운 新芽와 肉厚한 찻잎으로 만든다. 찻잎에는 단맛 성분의 함유량이 많다. 차의 탕색은 맑은 黃緑色이며, 단맛이 풍부하며 숙성한 과실향이 나는 것이 특징이다. 제조업체는 「福寿山農場」, 「翠峰」, 「翠巒」, 「武陵」, 「天府」, 「松茂」, 「紅香」, 「大雪山」, 「八仙山」 등이 있으나, 그 중 「福寿山農場」, 「武陵農場」, 「翠峰」가 유명하다.

출발 시기는 지역민들의 구전을 통해서 어느 정도 추정할 수 있다.
  첫째, 태중의 리산에는 다음과 같은 전승이 있다.

  1970년 고산지대에 배 과수원을 경영하던 진금지(陳金地)가 동정지구
  (凍頂地區)의 차를 리산으로 옮겨 심어 경작하는데 성공했다. 곧 차가 유
  명해지자 장개석 총통에게 매년 차를 보냈는데, 어느 날 차나무 품종이
  무엇이냐는 질문에 진금지는 차나무 이름을 어떻게 말해야 할지 망설이
  다가 높은 산에 자란 차이기 때문에 「고산차」라고 대답했다. 이러한 이
  유로 고산차라 불리게 되었다.[41]

  이같은 이야기가 어느 정도 신빙성을 지니는지는 알 수 없으나, 고산차
의 재배와 생산시기가 1970년대임을 나타내고 있다. 그리고 그 품종이 동
정지구 즉, 남투의 녹곡(鹿谷)에서 가지고 온 것이라고 밝히고 있다.
  한편 복수산차는 1970년대 중반 내전에서 패배하여 장개석과 함께
대만으로 들어온 퇴역군인들이 해발 2천 미터나 되는 고지에 「복수산
농장(福寿山農場)」을 열고 차나무를 심었다고 한다. 이 지역이 선택된
것은 차의 재배지로서 최적의 환경인 밤과 낮의 온도차가 크고, 봄과
여름에는 하루 종일 안개가 끼는 곳이었기 때문이다.[42]
  둘째, 가의의 매산에도 고산차의 출발을 설명하는 구전들이 있다.
매산의 서리(瑞里)에 최초로 차나무를 심었다는 왕추충(王秋忠)씨가 있
다. 그는 이전에는 고웅(高雄)에서 조림사업에 10여년 종사하다가 그

---

[41] 「대만 고산차(高山茶) – 대우령, 복수산: 겸리」, https://gyeomri.com.
[42] 「特級 福寿梨山茶—台湾茶工房」, https://www.taiwanchakobo.jp.

곳에서 차와 인연을 맺은 인물이다. 그는 1980년경에는 녹곡에서 개최된 「다업연수(茶業硏修)」에 참가하여 농학자 오진택(吳振鐸: 1918~2000)[43]의 지도를 받아서 품질이 상당히 좋은 차를 생산했다고 했다.[44]

또한 같은 서리에서 「유림제차창(幼林製茶廠)」을 운영하고 있는 임비(林備: 2018년 당시 80세)씨의 말을 빌리면 「이 지역에는 산업이 없었다. 고구마 등을 심어서 키울 정도로 가난한 농촌이었다. 그런데 1979년 녹곡에서 차업자가 묘목을 전래하여 다업이 시작되었다. 품종은 고산차에 맞는 「대차(台茶) 6호」이었다」고 구체적으로 증언을 하고 있다. 그리고 「다업개량장(茶業改良場)」의 장장(場長)인 오진택이 이 지역이 다업에 적합하다고 추천했다는 이야기도 있었다. 여기서도 차품종이 녹곡에서 전래되었으며, 그 시기는 70년대 말에서 80년대 초에 시작되었음을 알 수 있다.

임광립(林廣立)씨는 매산의 용안촌(龍眼村)에서 「용안임다(龍眼林茶)」를 운영하고 있다. 그의 부친은 용안촌에 처음으로 차나무를 심은 6명 중의 한사람으로 1976년 표고 1100~1200m의 고지에 「청심오룡」 등

---

[43] 복건의 복안(福安) 출신. 중국근대 차산업의 대부이자 복안농학교(福安農學校) 설립자 장천복(張天福)의 제자. 「茶業改良場」의 최고관리자. 대만다업계(台灣茶業界)의 대부. 台灣大学教授. 그의 약력을 정리하면 다음과 같다. 복건성립사범(福建省立師範), 복안농학교 1회 졸업생. 1946年 복건성립농학원농예학계(福建省立農学院農藝学系) 졸업. 복안농학교 교사. 1947년 대만의 「平鎭茶業試驗分所」 제다주임. 1948년 「대만농림시험분소(台灣農林試驗分所)」 소장 겸 부기술사(副技術師). 1952년 대만대학 교수 취임. 1982년에 「중화민국다예협회(中華民国茶芸協会)」의 초대 이사장. 그는 품종개량 뿐만 아니라 1970년대에 차를 수출에서 내수로 전환하기 위해 각지에 관민합동의 차콘테스트(優良茶比賽) 도입을 적극 권장하여 확대시키는데도 큰 공헌을 했다. 그리고 「대만다예(臺灣茶藝)」 보급에도 힘쓴 인물로도 유명하다.

[44] 그러나 그 후 瑞里의 다업은 쇠퇴되어 2002년 王秋忠씨는 차를 포기하고 林務局과 협력하여 커피 생산으로 바꾸었다.

을 심었다. 그 계기는 1975년 주민들이 지역 활성화를 위하여 성공사례로 꼽히는 녹곡을 방문하여 차산업을 견학했다. 주민들 가운데 「반드시 성공한다는 보장이 없다」며 신중론을 펴는 의견도 있었지만, 다수는 「일본통치시대에도 이미 차밭이 있었고, 제다의 경험도 있다」고 하며 다업에 참가하자는 의견이었다. 그 결과 최초로 6명의 농가가 차나무를 심었다는 것이다.[45]

그 중 한명이 왕청광(王淸鑛)씨이다. 그의 아들 왕극명(王克明)씨는 「1920년대 이미 이곳에는 18헥타르가 되는 차밭이 있었다. 고웅(高雄)의 건축가 소불조(簫佛助)씨가 투자하여 차를 만들었다. 차나무는 복건의 안계에서 들여온 무이종(武夷種) 혹은 야산에 있는 재래종 시차(蒔茶)를 사용했다. 제다법은 철나한차(鉄羅漢茶)[46]를 만드는 제다법이었던 것 같은데, 확실하지 않다. 생산된 차는 철도가 통과하는 대림역(大林驛)까지 운반되었고, 그곳에서 다시 고웅으로 옮겨졌다. 다만 1936년에 소불조씨가 철수하였고, 그 때 그 다원을 양도받은 것이 나의 조부 왕방순(王邦舜)이었다」고 증언한다.[47]

그의 조부 왕방순씨는 1920년대부터 다원관리자로서 근무했다고 한다. 그 후 다원관리인은 그의 아들 왕청광으로 이어졌고, 약간의 차

---

45 須賀努(2018)「高山茶はいつからあるのか」『交流』(931), 日本台湾交流協会, pp. 13-14.

46 무이산(武夷山) 4대 암차(岩茶) 중의 하나로서 무이산의 「혜원암(慧苑岩)에서 자라난 찻잎으로 만든 차. 주자학의 창시자 朱熹의 서적에도 등장하는 오랜 역사성을 가진 차. 철나한이란 이름은 철인(鉄人)의 수행승이라는 뜻. 이는 철나한을 마시면 몸이 건강해지고 질병이 치료된다는 뜻이기도 하다. 그 맛은 상큼한 향기가 특징이며, 뒷맛이 암차답게 암운(岩韻)이 있는 것이 특징이다.

47 須賀努(2018)「高山茶はいつからあるのか」『交流』(931), 日本台湾交流協会, pp. 14-15.

도 생산했다. 1955년경 이 지역에 도로가 나고 교통이 편리해졌고, 70
년대에 접어들어서 고산차를 개시했다.

왕극명씨는 고산차의 모양을 구슬 모양으로 둥글게 만드는 제다법
은 제다사 왕태우(王泰友)이었다고 했다. 이 말은 상당히 신빙성이 있
다. 왜냐하면 왕태우씨가 생전에 인터뷰한 것을 2007년 증지현(曾至賢)
이 편집하여 출간한 것이 『타개다상적고사(打開茶箱的故事)』이다. 이것
에 의하면 「왕태우는 1940년대(민국30), 일찍이 고산차의 발상지인 가
의의 매산의 용안에서 현지 차농왕(茶農王) 왕청광(王淸鑛)에게 제다지
도를 했는데, 그 차는 숙과향(熟果香)의 동정형(凍頂型)이다」라는 내용
이 있기 때문이다. 이것으로 보아 1940년대 가의의 매산에 왕태우의
포구제다법(布球茶製法)이 전래되었을 것으로 보인다.[48]

사실 왕태우는 타이베이의 대도정에 있는 「복기다행(福記茶行)」을
설립한 인물이다. 그는 찻잎을 천에 사서 유념하는 포구제다법을 대만
에 퍼뜨린 사람으로서 유명하다. 사실 그는 타이베이로 가기 이전에
매산의 인근 두육(斗六)에서 다업을 운영하고 있었다. 1939년경부터
그는 문산(文山)에서 명간(名間)에 이르기까지 많은 사람들에게 자신의
기술인 포구법(布球法)을 전수했다.

왕태우는 18세 때 철관음차의 산지인 복건성 안계에서 대만으로 건
너온 사람이었다. 그 때 이미 「포구제다법」을 터득하였을 가능성이 높
다. 그가 그 기술을 지역민들에게 전수할 때만 하더라도 「고산차의 개
념」은 없었다. 그러나 표고 1000m 이상의 땅에서 왕태우의 「포구제다
법」을 사용하여 차가 만들어졌다는 것을 생각하면 고산차는 적어도

---

48   須賀努(2018) 「高山茶はいつからあるのか」 『交流』(931), 日本台湾交流協会, p.15.

1940년대에서 시작되었을 것으로 볼 수 있을 것이다.

이러한 이야기들을 종합해보면 고산차의 출발은 40년대에 조금씩 생산되었고, 70년대 초 또는 말경부터 기술발전과 더불어 본격적인 생산체제로 들어갔음을 알 수 있다. 그리고 그 품종은 녹곡에서 전래되었다는 전승이 많았다.

최근 차 애호가들에게 금훤(金萱=台茶 12号)과 취옥(翠玉=台茶13号)이 사랑을 받고 있다. 이것은 오진택(吳振鐸)이 1982년에 새롭게 개발한 신품종이다. 일설에 의하면 금훤은 그의 조모(혹은 아내) 이름이라는 설이 있으며, 취옥은 그의 모친 이름이라는 설이 있다. 이 품종들은 주로 가의의 아리산 지구에서 생산되고 있다. 금훤은 맛은 달고 부드러운 향기가 마치 일본의 「옥로(玉露)」와도 유사하다. 그에 비해 취옥은 쟈스민향과 옥란(玉蘭)향에 비유될 정도로 향기가 부드럽고, 입에 넣었을 때는 목서 향이 난다고 하며, 또 떫은 맛이 없고, 가볍고 상큼한 맛으로 정평이 나 있다. 특히 금훤으로 만들어진 유향오룡차(乳香烏龍茶)는 희소가치도 있고, 달콤한 맛과 향으로 인해 여성들에게 인기를 끌고 있다.

5) 아리산주로차(阿里山珠露茶)

가의(嘉義)는 옛날부터 「제라(諸羅)」라고 불렀다. 이 지방이 원래 평포족(平埔族)원주민 Lloa족에 속하는 제라산사(諸羅山社)의 소재지이었기 때문이다. 1876년(乾隆51)에 「임상문(林爽文)의 난(亂)」이 발생하였을 때, 청나라의 관군과 시민이 협력하여 용감하게 싸워 제라성을 지켰다. 그후, 당시 고종황제가 「가지효사불거지의(嘉之効死不去之義)」라고 하여 제라현(諸羅縣)을 가의현(嘉義縣)으로 개명했다.

이러한 곳에서 대만 10대명차 중 하나인 아리산주로차가 생산된다. 이 차는 석도주로차라고도 하는데, 전승에 따르면 약 100년 전에 매산(梅山)의 보장(保長), 오씨 성을 가진 사람이 대륙에서 가지고 온 양종의 「소종자(小種子)」라는 품종을 태남부(台南府), 현재 가의(嘉義), 운림(雲林) 두 개 현의 동쪽에 심고, 해발 1100m의 매산향의 봉우리에도 심어 재배에 성공한 후 죽기향(竹崎鄉) 석탁(石棹) 지구의 해발 1300m에도 심었다고 한다. 특히 석탁 일대는 기후가 시원하고 안개와 비가 많으며, 해발이 높고, 기압이 낮다. 그리고 일교차가 심해 무릇 10~15℃가 된다. 이러한 환경은 차재배지로서는 적합한 곳이다.

그러나 이곳의 차생산이 본격화된 것은 1980년대에 들어서이다. 1980년 초경에 「청심오롱」의 품종을 도입하여 재배했다. 차구의 농가가 일치단결하여 「다엽산소반(茶葉產銷班)」을 만들어 차전의 확대나 고품질의 찻잎을 만들었다. 아리산 주로차의 특징은 발효도가 낮다. 그러나 다탕은 향기가 강하고, 맛은 부드럽고 달며, 고산차의 특유한 과일 맛이 난다는 점이다.

1987년에 대북외무협회 경유로 국제라이온스클럽 주최인 「차의 여행(茶之旅)」의 전람회를 행하며, 게스트로 초청된 당시 부총통 사동민(謝東閔)에 의해 「아리산주로차(阿里山珠露茶)」라고 명명하였다고 한다. 1990년에는 대만에서 정식으로 브랜드로 등록하고, 2002년은 중국대륙에도 브랜드 등록을 했다고 한다.

6) 송백장청차(松柏長青茶)

남투현(南投縣) 명간향(名間鄉: 旧称浦仔)은 원주민들의 사냥터이었다.

비가 올 때마다 웅덩이가 늪이 되는 개척이 곤란한 땅이었다. 그리하여 남자(湳仔)라고 불렀다. 남투(南投), 장화(彰化) 양현이 걸치고 있는 인기의 관광지 팔괘산산맥(八卦山山脈)의 최남단에 위치한 것이, 송백령(松柏嶺)이다. 팔괘산은 원래는「요망산(寮望山: 또는 望寮山)」, 또는 정군산(定軍山)이라 했다.

청나라 때 대만인들의 생활이 비참하여「천지회(天地会)」가 조직되었고, 그 지부인「팔괘회(八卦会)」가 이 일대에 조직되었다. 이것이 지금의 팔괘산이라는 지명의 유래가 되었다. 청의 건륭연간(乾隆年間)의 문헌에「팔괘산」이라는 명칭을 사용하고 있다.

송백령 일대의 다업개발은 대만에서도 일찍부터 시작되었다. 처음에는 국내의 내수용이었고, 판로도 극히 제한되어있었다. 그러므로「포중차(埔中茶)」또는「송백갱차(松柏坑茶)」라고도 불렸고, 지명도는 낮았다. 1975년 이곳으로 시찰한 장경국(蔣經國) 총통이 이 차를「송백장청차(松柏長青茶)」라고 명명하여 유명해지기 시작했다. 그리고 정부 주도의「송백장청다」부흥계획이 세워지고, 기계화에 많은 예산이 투여되고, 기술향상의 노력이 있었다. 이것에 의해 균일한 품질의 차가 생산될 수 있게 되었다. 근년에는 대만 10대명차의 하나로 꼽혔다.

송백령은 구릉지역이다. 그러므로 대부분의 차밭은 해발 200~400m의 대지에 분포되어있다. 또 연간 일조는 충분하며, 산기슭에 차밭이 집중되어있다. 평균기온은 같은 남투현의 명차 동정차(凍頂茶)의 산지인 녹곡(鹿谷)보다도 조금 높고, 다원도 표고가 낮다. 그러나 토질은 대만에서 차재배에 적합한 적토(赤土)이다. 사계춘차(四季春茶)의 재배는 4회 채다가 이루어진다. 교통망도 잘 정비되어있기 때문에 기온을 제외한 조건으로는 차 재배에 최적합한 조건을 갖추고 있다. 또 대부분의 다원은 빈랑나무(檳榔樹)에 둘러싸여 있다. 이것은 인위적인 것이 아니며 원래 자연스럽게 자라난 것이다.

팔괘산풍경구내(八卦山風景区內)의「송백령유객중심(松柏嶺遊客中心)」에서는 제다(製茶)의 역사, 종류, 제다과정 및 다식으로서 차 요리 등을 즐길 수 있다. 또 전통적으로 퇴비와 잡초의 생장방지를 위한 땅콩 껍질을 차밭의 표면에 산포해 있다.

7) 도원용천차(桃園龍泉茶: 龍潭龍泉茶)

용담향(龍潭鄉)의 대부분은 3면이 산으로 둘러싸여있다. 평탄한 대지에 고온다습하고, 비가 많고, 아침 저녁과 저녁에 자주 안개가 낀다. 토양은 적토이며, 산성이어서 차의 성장에 최적의 환경이다. 그 때문에 용담향에서 차 재배는 상당히 일찍부터 행해졌다. 일부의 역사서에는「청나라 가정연간(嘉慶年內: 1796~1820)에서 1865년(同治4)경부터 찻잎을 대한계(大漢溪), 담수하(淡水河)를 경유하여 중국본토 텐진(天津), 청도(青島)로 수출했다」는 기술이 남아있다.

1982년 대만성(台湾省)의 채다 대회에서 용담향에서 기계로 만든 차가 우량포종차의 최우수상을 수상했다. 1983년 당시의 성주석(省主席)이었던 이등휘(李登輝)씨가 용담향의 차를「용천표향(龍泉飄香)」이라고 칭송하면서「용천차(龍泉茶)」라고 명명했다.「용천」은 물의 고장「용담」이 향기의 원천이라는 뜻이며,「표향(飄香)」은 향기가 바람을 타고 오는 모습을 나타내며, 천리표향(千里飄香) 등과 자주 사용된다. 현재「용천표향(龍泉飄香)」의 명언의 기념비도 세워져 있다.

정부와 용담향농협은 적극적으로 우량품종의 재배지도를 행하고, 고급포종차와 오룡차의 생산에 힘을 쏟고, 현재 대만의 10대 명차의 하나로서 선정되었다. 신상품으로서 동방미인차도 많이 생산되며, 2000년에는 진총통(陳総統)에 의해「용천병풍차(龍泉椪風茶)」라고 명명되었다. 주된 차산지는 점자호태지(店仔湖台地), 동라권태지(銅鑼圈台地), 삼수촌(三水村), 삼화촌(三和村), 삼림촌(三林村) 일대이다. 이 지역은 용천차구(龍泉茶区)로 일컬어진다.

3. 포종차

(1) 포종차란?

원래 포종차는 종차(種茶)라고 불리던 차였다. 포종차의 유래에는 여러 가지 설이 있다. 가장 일반적인 것은 차를 사각형 모양의 종이로 포장한 것에서 생겨났다는 것이다. 한편 중국 본토에서는 무취(無臭)의 고급 면지(綿紙)로 싸서 배화(焙火)하여 훈제한 차와 닮아서 붙여진 이름이라는 설도 있다. 이처럼 여러 가지 해석이 있으나, 한 가지 분명한 것은 그것이 차종의 명칭이 아니라는 사실이다.

포종차는 맛과 향기가 상큼하여「청담(清淡)」하다는 평을 자주 듣는다. 그리고 대만의 서민들이 가장 마시기 좋고 편안한 차라는 뜻으로「청차(清茶)」라고도 불렸다.「청차」란 원래 아무 것도 섞지 않은「스트레이트 티(straight tea)」라는 의미이다. 그러나 사람들은 암암리에 포종차를 그렇게 불렀던 것이다.

현재 포종차는 중국대륙에는 없고, 대만 독자의 것이라고 한다. 그
러나 그 기원은 중국의 복건(福建)에 있다. 1796년 안계(安溪)의 차상 왕
의정(王義程)이 자신의 가게에서 파는 상품명의 하나로서 오룡차 4냥(兩)
(150g)을 방형의 네모난 모변지(毛邊紙: 대나무 줄기와 껍질을 이용하여 만든 종
이)에 싸고, 그 표면에 「포종(包種)」이라고 인쇄하여 판매한 것이 시작
이다. 그 형태로 말미암아 「사방포(四方包)」라는 별명도 가지고 있다.[49]
이처럼 초기의 포종차는 안계에서 개발되고, 제법은 무이암차(武夷岩
茶)와 같은 방법으로 만들어진 차이었다.

(2) 대만포종차의 기원과 역사

그렇다면 어떤 계기로 오늘날과 같이 꽃향이 나는 대만의 독특한 포
종차를 생산할 수 있었을까? 이것의 해답은 해외수출에 있었다. 1860
년대 아편전쟁의 결과 대만에도 담수(淡水)가 개항이 되고, 그에 따라
외국의 차상들이 대만을 찾았다. 그리하여 처음으로 해외로 수출한 것
이 바로 오룡차이었다.

이러한 수출로 인해 초기에는 인기를 끌었으나, 1873년에 이르러 오
룡차를 날림으로 만드는 것도 부지기수였다. 그 결과 세계인들로부터
외면당해 재고가 남아 처치곤란에 빠졌다. 그러나 그냥 버릴 수 없었
다. 이때 상인들이 생각한 것이 재고품을 복주(福州)에 가지고 가서 쟈
스민과 섞어 새로운 차를 만드는 것이었다. 이것이 가능했던 것은 당
시 복주가 중국에서 유일하게 쟈스민차를 제조하던 곳이었기 때문이
다. 이것이 포종차의 출발이라고 보는 견해도 있다.

---

[49] 竹尾忠一(2001)「包種茶史」『茶年報』(91), 茶業研究報告, p.1.

 이렇게 만들어진 차가 의외로 인기가 있었다. 여기에 주목한 복건의 동안(同安) 출신 차상 오복원(吳福源: 吳福老이라고도 함)이 1881년에 타이베이에서 이 차를 제조 판매하기 위해 「원용호(源隆号)」라는 회사를 개설했다. 그는 복건에서 포종차를 만드는 것은 이익이 많지 않다고 생각했다. 그리하여 기술자들을 데리고 대만으로 이주하였던 것이다.

 그 후 복건의 안계(安溪) 출신 차상 왕안정(王安定), 장고괴(張古魁)도 「건성호(建成号)」라는 회사를 열어 대만에서 포종차를 제조하여 판로를 개척했다.

 초기의 포종차는 중저급의 오룡차와 쟈스민과 섞어서 만든 차이었다. 다르게 표현하면 이는 포종화차(包種花茶)라 할 수 있다.

 쟈스민과 섞은 포종화차에서 오늘날과 같이 차에서 꽃향이 나는 포종차의 제다법을 확립한 사람은 왕수금(王水錦), 위정시(魏靜時)로 알려져 있다. 왕수금에 대해서는 자료가 빈약하여 그 실제를 파악히기 어렵다.

 그에 비해 위정시는 후손들이 현재에도 다업을 하고 있어 그에 대해 조금은 알 수 있다. 그들의 말을 빌리면 위정시는 철관음차의 시조라 할 수 있는 위음(魏蔭)의 후손으로 알려져 있다. 그의 부친 위기첨(魏起添)도 제다사이었는데, 대만으로 이주하여 남항의 대갱(大坑)에서 제다하며 살았다. 이러한 가정에서 자라난 위정시는 1873년에 독특한 배전기술(焙煎技術)을 발명하여 꽃향을 첨가한 「화향차(花香茶)」보다도 자연 향기가 나는 차를 만들었다. 1885년 청불전쟁(清仏戰争)이 끝나고, 유명전(劉銘伝)이 순무사로서 대만을 방문하였을 때 위정시의 차가 「종자차(種仔茶)」로서 소개되었고, 그 때부터 청으로부터 높은 주목을

그림 3 왕수금(王水錦)   그림 4 위정시(魏静時)

받았고, 그것이 계기가 되어 발전했다고 설명하고 있다.

왕수금의 집안도 1885년경 철관음차(鉄観音茶)의 산지인 복건의 안계에서 이주한 사람들이었다. 왕수금과 위정시는 처음에는 타이베이 교외 남항(南港)의 대갱(大坑)에서 대만의 주요 수출품인 장뇌의 원료가 되는 장나무(樟樹)를 재배하였으나, 그 이후에 차 재배로 바꾸었으며, 새로운 제다법 개발에 매진하여 대만의 독특한 포종차가 완성된 것이다.

일본통치시대인 1920년 미국으로 수출하려던 대만산 오룡차가 인도네시아의 자바 홍차에 밀려 대량 소각 처분하는 사건이 일어났다. 당시 오룡차의 수출은 미국시장이 중심이었고, 포종차는 동남아를 중심으로 수출되었다. 그러나 포종차는 외국인으로부터 외면당하는 일도 없었다. 그리하여 일본정부는 포종차의 재배와 생산을 적극 장려했다. 그 일환으로 남항의 대갱에「포종차산제연구중심(包種茶産製研究中

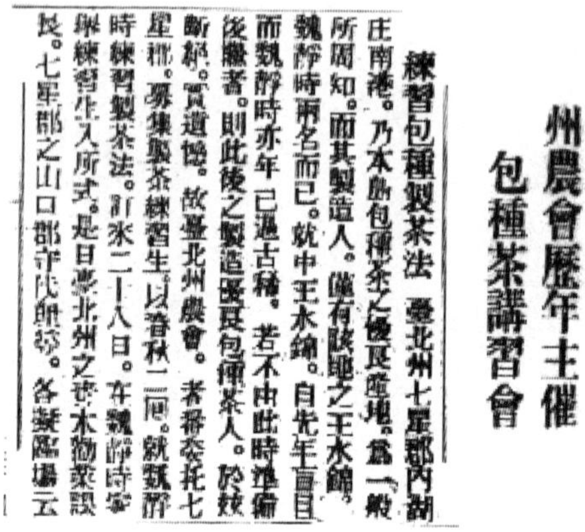

그림 5 위정시 포종차강습회가 열린다는 당시 실문보도자료
(대망일일신보))

心)」을 만들어 왕수금과 위정시를 강사로 초빙하여 연구와 개발은 물론 정기강습회를 열었다.[50]

   이것이 문산차구에도 전헤저 봄과 가을 연 2회, 고령의 왕수금과 위정의 기술을 계승하기 위해 「포종차제조강습회」를 개최하였으며, 많은 차농들이 그곳에서 기술을 배웠다. 그 결과 포종차의 생산량은 늘어났고, 품질도 향상되었다. 이러한 노력의 결과 당시 포종차의 수출량이 오롱차를 웃도는 결과를 낳았다. 그 후 계속 포종차의 수요가 증가하였고, 제다법이 보급이 되어 타이베이 부근뿐만 아니라 도원, 신죽, 묘율 등지에서도 포종차의 생산이 성행했다.

   왕수금과 위정시의 제다방법은 다소 차이가 났던 것 같다. 왕수금의 제조법은 문산식(文山式)이라 하여 다탕이 붉고 농후했고, 그에 비해

---

50 楊品瑜(2005)「南港包種茶」茶 · 茶語録 茶的故事 南港包種茶,
    http://www.leading-sakai.co.jp 〉 chatekikoji_3.

위정시의 것은 남항식(南港式)이라 하여, 향기가 청향(淸香)이며, 다탕이 다소 녹색을 띠는 것이었다. 유감스럽게도 왕수금은 「포종차산제연구중심」에 초빙되었을 때는 이미 고령이었기 때문에 그의 제조법은 전승되지 않고, 위정시의 것만 전해져 오늘의 대만 포종차의 기초가 되었다. 그의 후손들은 현재에도 타이베이에서 「위씨다업(魏氏茶業)」을 운영하고 있다.

(3) 오늘날의 포종차

일본으로부터 독립한 이후 1950년대에 접어들어 포종차는 동남아로 많이 수출되었으나, 동시에 내수도 있었다. 장개석(蔣介石: 1887~1975)과 함께 대만으로 들어온 사람들 가운데 포종차를 좋아하는 사람들이 있었다. 그들은 중국 북부 출신자들로 화차(花茶)를 마시는 습관이 있었기 때문이다. 그러므로 포종차는 사라지지 않고 이들의 수요를 충족시키기 위해 계속 생산되었다. 그러나 1960년대 이후 수출의 정체, 차농가의 노동력 부족등으로 인해 홍차와 마찬가지로 생산은 저조했다.

오늘날 우리에게 알려져 있는 문산포종차(文山包種茶)와 남항포종차(南港包種茶)는 현대에 새롭게 전통을 계승하고 개발된 것이다. 이것들에 대해 간략하게 살펴보기로 하자.

1) 문산포종차

오늘날 우리에게 가장 잘 알려진 문산포종이라는 차가 있다. 이것은 문산차구(文山茶区)에서 생산되는 대표적인 차이다. 대만인들은 곧

111

包種製茶恩人 魏靜時氏去世 1929-03-17 版4

包種製茶恩人
魏靜時氏去世

去世。籌茶業者。大爲悼惜

對于嘉北州下之包種製

過七十。圃豬腳氣蟬。其

朗爲一般茶農所敬重。年

會。同氏當其講師之任。

囑託。從事于包種茶講習

十四年度。爲臺北州農會

製造。冠絕全島。自大正

王水錦氏齊名。其包種茶

種時異製法。不靜料花薰

香。自有一種番氣。與故

氏對包種茶製造。具有一

十五日午後五時去世。間

前頃罹疾治療中。不意于

臺北州農會囑託魏靜時氏

그림 6 위정시 사망보도(1929년 3월 17일)

잘 「북문산(北文山), 남동정(南凍頂)」이라는 말을 한다. 즉, 북에는 문산이 유명하고, 남에는 동정이 유명하다는 뜻이다. 이만큼 문산포종은 대만 북부지역을 대표하는 명차로서 대접받고 있다. 그러나 모양은 다르다. 문산포종이 잎을 길게 말아 만든다면, 동정오룡은 잎을 약간 둥글게 말아 만들어 반구형의 모습을 하고 있다.

문산이란 관용적인 지명으로 신점(新店), 평림(坪林), 석정(石碇), 심갱(深坑), 석지(汐止), 평계(平溪) 등의 차구(茶區)를 통칭하는 말로 사용한다. 청나라 가경연간(嘉慶年間: 1796~1820)에 가조(柯朝)가 복건의 무이산에서 차 묘목을 가지고 와서 심었다는 즉어갱(鯽魚坑)도 거의 문산 지구에 들어간다. 다만 타이베이의 행정구역인 문산구(文山區)와는 별개이다.

신점의 「문산농장(文山農場)」을 운영하고 있는 고천곤(高泉坤)씨의 말을 빌리면 「분명히 포종차의 발상지는 남항(南港)이다. 우리의 조상도 그곳에서 기술을 배웠다. 그 후 신점이 기술이 뛰어났고, 생산량도 상당히 많았다」고 했다. 즉, 그는 포종차의 기술이 남항에서 심갱, 석정 등으로 번져갔으며, 그것과 관련하여 명인들도 곳곳에서 속출했다고 한다. 「평림은 이러한 곳들 보다 늦게 시작했다. 지금도 그곳에 남아있는 것은 교통이 불편했기 때문이다」고 설명했다. 이 지구 중 신점은 1975년 내수 진작을 위해 포종차의 콘테스트가 개최된 적이 있었다. 이 대회를 통하여 포종차의 가격도 인상되는 효과도 있었으나, 도시개발로 인해 현재 차농은 거의 사라지고 없다.

문산차구 중에서도 가장 유명한 포종차의 생산지는 「평림다업박물관(坪林茶業博物館)」과 평림이다. 「평림다업박물관」은 1983년 당시 대만성 주석 이등휘(李登輝: 1923~2020)가 방문하였을 때 시민의 휴식공간으로 건설을 지시하여 건물을 복건성 안계의 4합원식(四合院式)으로 지어진 것이다. 평림지구는 정씨왕조(鄭氏王朝)[51] 때는 천흥현(天興県)에,

---

[51] 정씨왕조의 시조는 정성공(鄭成功: 1624~1662)이다. 그는 일본 나가사키(長崎)의 히라도(平戸) 출신이다. 그는 중국 복건 천주(泉州) 출신 정지룡(鄭芝龍)과 일본 나가사키 히라도 출신 타가와 시치자에몬(田川七左衛門)의 딸인 「타가와 마쓰」의 사이에서 태어난 혼혈아이다. 어릴 때 일본이름은 타가와 후쿠마쓰(田川福松)이었다. 1644년 청나라 건국 후 정성공은 하문(廈門), 금문(金門)을 거점으로 「반청복명(反清復明)」의 기치를 올려 청에 대항했다. 1661년 그는 거점지를 대만으로 옮기기 위해 2만 5천의 군인과 민간인을 4백척의 함선에 태워 대만공략에 나섰다. 그의 군대는 녹이문(鹿耳門)에서 대남(台南)에 상륙하여 파죽지세로 프로빈시아城과 제란자城을 공략하여 네덜란드인을 대만에서 추방했다. 정성공은 프로빈시아城을 승천부(承天府)라고 이름을 고치고, 대남(台南)에서 정씨왕조를 수립했다. 그의 사후 장남 정경(鄭経)이 그 뒤를 이었고, 정경의 뒤는 정극상(鄭克塽)이 옹립되었다. 그러나 내분이 끊이지 않았고, 1683년 청나라에게 멸망당했다. 정씨왕조의 대만 통치는 불과 23年년이었으나, 그들은 식량의 자급자족을 위해 「寓農於兵」(군의 둔전제도)를 실시함과 동시에 복건(福建), 광동(広東)에서 대량의 이민을 받아들여 토지개간에 종사케 했다. 그 결과 정씨왕조의 둔전과 이민의 이식에 의해 한인촌락(漢人村落)과 한인사회(漢人社会)가 형성되어 한인의 인구가 급증하여 원주민의 인구를 웃돌게 되었다. 이 시기에 대만으로 이주한 한족들이 자연스럽게 그들의 음다문화와 함께 제다에 관한 기술을 대만에 전래하였을 것이다. 일본의 치카마쓰 몬자에몬(近松門左衛門: 1653~1725)은 정성공을 모델로 「국성야합전(国性爺合戦)」를 썼고, 죠루리(浄瑠璃)를 포함한 가부키(歌舞伎)에서도 그의 이야기가 인기 있게 공연되었다. 대만과 중국에서는 그를 손문(孫文), 장개석(蔣介石)과 더불어 민족적 영웅으로서 「3명의 국신(国神)・국민의

청나라 때는 제라현(諸羅縣)에 속해 있었다. 그 이후에도 여러 가지 변화를 거쳐 사방이 산으로 둘러싸여있는 평지와 풍부한 삼림이 있다 하여 평림이라 했다고 한다.

현재 평림에서는 관민이 일치단결하여 포종차의 품질향상을 위해 정기적으로 「평림포종차 품평회」를 개최한다. 인맥을 통하지 않으면 대회에 수상한 차를 사기 어렵다는 것이 차업계의 상식이나, 평림에서는 비교적 공평하게 수상차를 살 수 있는 것이 특징 중의 하나이다.

2) 남항포종차

현재 포종차의 산지로서 유명한 곳은 평림이나, 그 발상지는 남항 · 석지이며, 그 다음이 석정이다. 특히 타이베이 교외의 남항은 대만포종차의 아버지라 할 수 있는 왕수금과 위정시가 포종차를 생산했던 곳이기도 하다. 남항은 명나라 때까지는 원주민들이 살았고, 청나라 때부터 복건에서 이주해온 사람들에 의해 개발되고 발전된 곳이다. 복건인들은 대개 평지에 거주지를 정하고 농업에 종사했다. 그 중에는 안계에서 차재배를 했던 사람들도 있었다.

남항은 청나라 때는 대가눌보(大加吶堡) 남항 삼중포(三重埔)라고 불렸고, 일본통치시대에는 「남항」이라 했다. 그러나 일본통치시대가 되자 남항은 석탄광산으로 개발되어 차밭은 감소하여 소규모의 차농가도 10집 정도만 남아있었다.

제2차 세계대전 때에는 식량난으로 차나무는 벌채되고 식량생산을

아버지」로 숭상되고 있다.

위한 야채 또는 다른 나무로 바뀌어 차 산업은 쇠퇴해져 버렸다. 이곳에 차나무가 재생되기 시작한 것은 1982년부터이다. 전통문화의 보전이라는 차원에서 타이베이시 정부가 인근 도로를 정비하고, 남항 관광다원을 설립했다. 그리고 1991년에는 「차엽제조시범장(茶葉製造示範場)」을 설치하고, 남항포종차의 역사에 관해 전시 및 차의 제조과정을 견학할 수 있도록 했다. 이에 힘입어 아직은 소량이기는 하나, 타이베이시 정부의 장려에 의해 포종차를 생산하여 「남항농협(南港農協)」이 품평회를 개최하고 있다. 그러나 생산량은 적어 아직까지 옛 명성을 되찾지 못하고 있다.

4. 청차는 중국인의 이민사

대만의 청차는 대만에서 생산되는 반발효차의 총칭이다. 이 차들은 아편전쟁 이후 영국회사를 통해 해외로 많이 수출되었다. 오룡차는 주로 구미로 나간 것에 비해, 포종차는 인도네시아 쟈바를 중심으로 한 동남아시아의 화교사회로 수출되었다.

지금까지 개발된 청차는 이루 다 헤아릴 수 없을 정도로 종류와 제품이 다양하다. 대만차의 주류를 형성하고 있는 청차는 발효도에 따라 크게 오룡차와 포종차로 나누어 볼 수 있다. 대표적인 오룡차로서는 동정오룡, 목책철관음, 동방미인, 고산차 등이 있고, 포종차에는 문산포종과 남항포종 등을 대표적인 예로 들 수가 있다.

이러한 것들의 대부분은 중국의 복건에 그 기원을 두고 있다. 그것을 입증이라도 하듯이 1796년경 상인 가조가 복건의 무이산에서 차묘목을 전래했다는 오룡차의 기원 전승이 있는가 하면, 19세기 중엽 임봉지가 무이산차를 전래함으로써 동정오룡이 발생했다는 전승도 있다. 사실 목책철관음은 1895년경 장내묘가 복건의 안계(西坪) 철관음종을 전함과 동시에 제다법도 함께 전래했다는 전승과 역사를 가지고 있다. 이처럼 대만 청차의 고향은 중국 복건에 있다고 할 수 있다.

그러나 대만인들은 복건의 것을 그대로 고수하는 것도 있지만, 이를 응용하여 새로운 품종의 차를 만드는 것도 있었다. 즉, 대만의 독자화를 보이는 것들이 있는 것이다. 특히 포종차는 그러했다. 포종차의 기원도 복건에 있는 것은 사실이나, 현재 복건에서는 포종차를 찾기 어렵다. 그만큼 이 차는 대만을 상징하는 차가 되어있는 것이다. 사실 포종차는 1873년경 대만에서 생산된 중저가의 오룡차를 복건의 복주에 가져가서 쟈스민과 섞이서 만든 새롭게 만든 포종화차가 출발이다. 그 후 1885년 복건의 안계 이민 출신 왕수금과 위정에 의한 새로운 제조법이 개발되고 정착한 것이 포종차가 된 것이다. 이처럼 대만에서 독자성을 지닌 것도 있는 것이다.

동방미인과 고산차도 복건에는 없는 것이다. 그 이유는 동방미인은 19세기 우연히 신죽에서 「부진자(浮塵子)」라는 벌레의 피해를 입은 찻잎에서 우연히 발견된 제다법에서 발생한 것이기 때문이다. 그러므로 복건에서 생산되던 것이 대만의 신죽에서 새로운 모습으로 탄생했다. 이것 또한 다른 곳에는 없고 대만에만 있는 차라 할 수 있다.

고산차도 그러한 성격의 차이다. 대만은 해발이 높은 산들을 가지고 있는 나라이다. 대만인은 이러한 지형을 이용하여 해발 1000m 이상의 고지에 차밭을 조성하고 그곳에서 생산된 청심오룡(靑心烏龍)으로 차를 만들었다. 그리고 다른 것과 차별하여 고산차라는 이름을 붙였다. 이것 또한 복건에 없는 차이다. 이처럼 대만의 청차가 뿌리는 복건에 두면서도 대만에서만 볼 수 있는 독자화를 이루는데 성공을 거두고 있는 것들이 있다. 이것은 대만차의 독자성이라 할 수 있을 것이다.

이러한 사실은 단순한 차의 전래를 의미하는 것이 아니다. 그것과 관련된 사람들과 함께 역사와 문화의 이동을 의미한다. 다시 말해 대만의 청차는 18~19세기부터 시작한 복건인(閩南人) 그리고 광동의 객가인(客家人)들의 대만 이주와 정착의 역사가 고스란히 담겨져 있는 것이다. 그러므로 대만 청차의 역사는 남부 중국인들의 이민사라고도 할 수 있을 것이다.

제4장

대만홍차의 역사와 문화

1. 대만에서 홍차란?

최근 우리나라의 다인들 사이에 대만의 홍차를 즐겨 마시는 사람들이 많다. 한국인들은 언제부터 대만의 홍차를 마셨으며, 그리고 대만의 홍차산업은 언제부터 시작되었을까? 지금까지 여기에 대한 해답을 제시한 국내 연구는 거의 없다. 즉, 마시는 사람들은 많아도 그것에 대해 관심을 가진 연구는 거의 없다고 해도 과언이 아니다. 그렇다고 전혀 없는 것은 아니다. 최성희의 연구와 왕명상의 저서가 있다. 그러한 의미에서 이 두 사람의 작업성과는 중요한 의미가 있다고 하겠다.

최성희의 연구목적이 비록 대만 홍차의 품질에 중요한 휘발성 향기 성분을 비교분석하는데 있다고는 하나, 그 내용에서 대만의 홍차는 일월담(日月潭) 호수 근처 남투현(南投縣) 어지향(魚池鄉)이 중심이며, 이곳의 홍차는 일본통치시기 때부터 시작되었다고 지적했다.[1] 즉, 대만의 홍차 생산지는 일월담 지역이며, 일본 식민지 시대부터 시작되었다고 한 것이다. 이것이 사실이라면 한국인이 대만홍차를 맛본 것은 일제강점기 부터이며, 대만의 홍차산업은 그 시기에 시작되었다고 보아야 할 것이다. 그렇다면 그 역사는 그다지 오래된 것이 아니다. 불과 1세기 정도의 짧은 역사이다.

왕명상의 저서인『대만차의 이해』에는 대만의 대표적인 홍차들이 소개되어있다. 화련밀향홍차(花蓮密香紅茶), 아삼홍차(阿薩姆紅茶), 홍옥홍차(紅玉紅茶)가 그것들이다. 그에 의하면 화련밀향은 화련서수(花蓮

---

[1] 최성희(2016)「대만산 홍차류의 휘발성 향기성분」『한국차학회지』(22-1), p.43.

瑞穗)에서 생산되며, 고조훈(高肇勳), 점아단(粘阿端)에 의해 개발되었고, 아삼은 남투현 일월담과 대동 및 그 밖의 지역에서 생산되는데, 그 모종은 일본통치시기에 도입된 인도 앗쌈종이라 했다. 그리고 홍옥의 산지는 앗쌈홍차와 같고, 그것의 모종은 1940년에 미얀마 국경지역에서 도입한 대엽종 버마(Burma)라고 했다.[2] 특히 앗쌈과 홍옥은 일본통치시기에 도입된 인도 앗쌈종과 버마종에 의해 생산된 것이었다. 이처럼 대만의 홍차는 최성희의 지적처럼 일본통치시기에 본격적으로 시작되었다.

이상의 연구를 통해 알 수 있는 것은 대만의 홍차가 일본통치시기에 개발되었다면, 대만과 같은 처지에 있었던 우리도 그 기간에 대만차를 맛보았을 가능성을 보여준다는 점이다. 그렇다면 여기서 한 걸음 더 나아가 대만의 홍차가 언제부터 우리의 기록에서 어떠한 형태로 등장하며, 또 낭시 대민의 홍차 산업이 어느 누가 어떻게 개발되었을까 하는 의문을 던지면, 이상의 두 사람의 연구로는 충분히 해답을 얻지 못하는 한계가 있다.

이에 본장에서는 이 질문에 천착하여 당시 대만 홍차를 보도한 언론 및 자료 등을 통해 대만홍차를 한국인들이 어떻게 인식하였으며, 또 대만 홍차의 개발에 어떤 사람들이 이바지하였는지에 대해 구체적인 예를 들어 대만 홍차 역사에 대해 살펴보고자 한다.

---

2 왕명상(2021)『대만차의 이해』한국티소믈리에연구원, pp.166-170.

2. 대만의 홍차를 맛본 근대 한국인들

우리나라 사람들이 대만의 차를 맛보기 시작한 것은 1920, 30년대 부터이다. 당시 우리나라에는 차다운 차가 없었다. 일반 가정에서 마시는 차의 대부분은 외국에서 생산된 홍차이었다. 그 예로『동아일보』의 기사를 중심으로 살펴보기로 하자. 먼저 1924년 8월 1일자에 다음과 같은 기사가 있다.

> 「朝鮮에 輸入되는者는 殆히 紅茶오 中國에서 輸入하는者는 烏龍茶 錫蘭 及 英國에서 輸入하는者는 錫蘭茶오 其代用品으로는 同種類인 臺灣産 烏龍茶가잇고 又 間接의代用品으로는 綠茶珈琲等이잇다」[3]

여기에서 보듯이 조선에 수입되는 대부분의 차는 홍차인데, 중국에서 수입하는 것은 오룡차이고, 스리랑카 및 영국에서 수입하는 것은 석란차 즉, 스리랑카차이며, 그것의 대용품이 대만의 오룡차가 있고, 간접 대용품으로는 녹차와 커피가 있다고 설명하고 있다. 이 설명에 의하면 대만의 오룡차는 중국의 오룡차와 스리랑카차의 대용품이라는 인식이 있다. 다시 말해 1920년대 우리나라에서 대만산 오룡차는 품질이 낮은 스리랑카 홍차의 대용품으로 수입되고 있었다. 그러한 예를 1932년 4월 8일자 기사에서도 엿볼 수 있다.

홍차는 인도(印度)의『따지린』산이고 급품이고 남양(南洋)의『하리믄』

---

[3] 「關稅增徵과 各輸入品의 影響(續)」『동아일보』, 1924.8.1., 1면.

산과『세로인』산이그다음입니다. 우리가정에서흔히쓰는『리푸튼』차는
『세로인』산입니다. 이다음인중국차, 대만의『우론』차, 일본의정강(靜
岡)산 이러한차례가됩니다.[4]

이 기사에 의하면 당시 최고급의 홍차는 인도 다즐링(따지린)에서 만
든 것이고, 그 다음이 인도네시아 하리문(halimun)과 스리랑카(세로인)
의 홍차라고 했다. 이것은 매우 비싼 것이었던 것 같다. 그러므로 가정
에서는 흔히 마시는 것으로 그러한 고급품이 아닌 것이 선호되었다.
그 때 주목을 받은 것이 스리랑카에서 생산된 영국회사의 립톤차이며,
그 다음이 중국차와 대만의 오룡차 그리고 일본 시즈오카산의 차라고
소개하고 있다. 이처럼 대만의 오룡차는 품질이 낮은 것으로 인식되
어 중국이나 영국에서 수입되는 홍차의 대용품으로 생각되었다. 그
리고 그 품질은 인도의 다즐링과 스리랑카 및 영국의 립톤 보다 인기
에 미치지 못했던 것이다.[5] 그럼에도 대만의 오룡차는 세계에서 생산
되는 홍차의 반열에 올라 우리의 가정에서 차로서 자리를 잡아가고
있었다.

한편 1934년 12월 27일자에는 대만 홍차의 특징과 마시는 법에 대해
다음과 같이 자세히 설명하고 있다.

인도산은 맑고 붉은빛을 띠우며 대만이나 지나산은 좀암흑색을 띠웁
니다. 홍차조곰을 힌그릇에너코 뜨거운물을 부어노코 七八분간 식는것

---

4 「홍차의품질」,『동아일보』, 1932.4.8., 5면.
5 이영희(2012)『일제강점기 홍차문화 연구』원광대 석사논문, p.45.

을기다려그빛이우유를 조곰너흔것같이 힌빛을띠는듯하고 술로저어보
아 떨어지는방울이 조곰끈기잇게 보이면 조흔것입니다.[6]

이상에서 보듯이 대만 홍차는 인도산과 비교하였을 때 약간 짙은 색
을 띤다고 했다. 이러한 홍차를 조금 용기에 넣고 뜨거운 물을 부어 7,
8분간 식힌 후 티스푼으로 휘저은 후에 마신다고 설명하고 있다. 그리
고 대만홍차는 립톤 홍차에 비해 품질이 미치지 못했다. 그러한 사정
을 알 수 있는 것이 1938년 6월 10일에 다음과 같은 내용으로 실려져
있다.

喫茶部에서는 大槪紅茶이나 五月에는 臺灣産의것을 만히 使用햇으
나 六月부터의 아이스데이에는 리부돈을 當分使用하고 十月頃까지리부
돈을 버티어나온다. 그後의리부돈은 그러케 適當치못함으로 다시 臺灣
産으로 돌아와서이臺灣産의紅茶를 어떠케하야잘마시케 할가를 硏究햇
다한다 主任은 外來品崇拜가아니라 事實리부돈은 美米하야 손님에게도
먹기조코 商店에도 結局利益이잇는 商品이다.[7]

이상에서 보듯이 끽다부라는 부서에서 대개 홍차를 이용하는데, 5
월에는 대만의 것을 많이 사용하였으나, 6월부터는 립톤 홍차를 이용
하며, 사정이 여의치 않으면 대만의 것을 다시 이용하는데, 그 때는 어
떻게 하면 맛있게 마실 수 있는지 연구를 했다는 것이다. 그러나 「립톤

---

6 「커-피-코코아 홍차 사는법과 택하는법」『동아일보』, 1934.12.27., 4면.
7 「輸入統制時代에는 代用品硏究가必要」『동아일보』, 1938.6.10., 5면.

홍차가 수입되지 못하면 그 대신 대만 홍차 업자들이 살게 될 것」[8]이라
는『동아일보』1937년 10월 15일자 기사에서 보듯이 대만의 홍차는 영
국홍차 립톤과의 경쟁에서 밀리고 있었다. 이같이 우리나라에서 대만
의 홍차는 그다지 인기를 끌지 못했다.

3. 일본통치와 함께 시작된 대만홍차

대만이 언제부터 홍차산업을 시작하였는지는 정확하지 않다. 일설
에 의하면 대만홍차는 스리랑카 제다법이 많이 채용되었다 한다. 이는
청나라 때 대만순무(台湾巡撫=知事)인 유명전(劉銘傳: 1836~1896)[9]에 의해
초빙된 홍차제조기사(紅茶製造技師)가 스리랑카 사람이었던 것과 관련

---

8 「수입의 제한과 금지가 가정에 주는영향 (2)」『동아일보』1937.10.15., 3면.
9 청나라 말기의 군인, 정치가이다. 안휘성 합비의 서향 출신으로 회군을 이끌었고,
   대만성의 초대 순무로 임명되었다. 자는 성삼, 호는 대잠산인(大潛山人)이다.
   1884년 베트남 종주권을 둘러싸고 청불 전쟁 때 대만으로 건너가 대만에서 프랑
   스군의 상륙 작전을 여러 차례 저지했다. 또한 호미 전투(滬尾)의 승리로 프랑스
   군의 대만 상륙 계획을 결국 좌절시켰다. 이듬해 1885년에 청불 전쟁은 끝났다.
   전쟁 중 프랑스 극동 전대에 의해 대만이 봉쇄되는 등 중국 동남부 연해 지역에서
   대만의 전략적 중요성이 밝혀졌다. 그래서 대만 통치를 강화할 필요성을 절감한
   청나라 정부는 1885년 10월, 대만섬을 복건성에서 분리 독립시켜 대만성을 설치
   했고, 유명전을 초대 대만순무로 임명했다. 1891년까지 6년간, 유명전이 대만에
   있는 동안 많은 개혁과 정비를 시도했다. 각종 방어 시설을 정비하고, 군비를 재편
   하는 동시에 대만 내 인프라를 정비하여 이후 대만 발전의 토대를 마련했다. 인프
   라 정비로 대만 최초의 철도 건설, 대만섬과 복건성 사이에 통신 케이블 부설, 기
   타 전보국, 매무국(煤務局)[1], 철로국 등의 관리 기구를 정비했다. 그러나 그의 개
   혁은 관리들의 부패와 재원 문제를 고려하지 못한 것이며, 재정 부담은 날로 증가
   했다. 부패도 만연하여 민중의 반발을 사게 되었다. 그 결과 1889년(광서 15년)에
   는 장화에서 시구단(施九緞)의 반란이 일어났다. 1881년(광서 17년), 후임에 소우
   렴이 임명되자 고향으로 돌아왔다. 1896년, 고향에서 병으로 사망했다. 저서로는
   『유장숙공진의(劉壯蕭公奏議)』,『대잠산방시고(大潛山房詩稿)』가 있다.

그림 1 후지에 카쓰타로(藤江勝太: 1865~ 1943)

이 있다. 그렇다고 하더라도 그에 관한 기록이 없어 그 상황을 파악하기 어렵다.

홍차를 본격적으로 생산하기 시작한 것은 일본통치시대부터인 것은 사실이다. 1895년 청일전쟁이 끝나고, 시모노세키조약(下関条約)에 의해 대만이 일본에 할양되자, 대만총독부는 후지에 카쓰타로(藤江勝太郎)를 초청하여 대만차의 개발을 맡긴다. 당시 일본에서는 일본의 녹차, 대만의 오룡차, 중국의 중국식 홍차의 제다법을 모두 이해하고 있는 사람은 후지에뿐이었다.

그는 일본 시즈오카현(静岡県) 모리마치(森町) 출신으로 부친이 일찍이 고향을 떠나 요코하마(横浜)에서 차상을 하고 있었다. 그는 1887년 제다와 세계의 차시장 현황을 파악하기 위해 중국 호북성(湖北省) 한구(漢口)로 갔다. 당시 한구는 러시아를 필두로 세계 각국의 차무역상들이 찻잎을 두고 치열한 경쟁을 벌이고 있는 중국 최대 차무역 거점지이었다. 이 때 러시아와 시베리아로 수출되는 차는 주로 「홍전차(紅磚茶)」

그림 2 趙李橋의 홍전차 앞면   그림 3 趙李橋의 홍전차 뒷면

였다. 훗날 그가 근무했던 「일본대만다업주식회사(日本台湾茶業株式会社)」에서 「홍전차」를 생산했던 것으로 보아 이 때 그에 관한 기술을 충분히 익혔을 것이다.

그는 또 대만에서 생산되는 오룡차(烏龍茶)에도 관심을 가졌다. 그리하여 1887년 전후 오룡차 제다법을 배우기 위해 대만에 3번 정도 방문했다. 당시 대만은 일본의 식민지가 아니었다. 그만큼 오룡차에 대한 그의 관심은 높았다고 할 수 있다.

그의 보고서에 의하면 당시 대만 차의 주요산지는 담수현(淡水県)이며, 청심(靑心)과 홍심(紅心) 등의 우량품종이 재배되며, 양질의 오룡차를 생산하고 있다고 했다. 그 이후 그가 일본에 귀국 후 「오룡차전습소(烏龍茶伝習所)」를 세워 제자를 양성하고, 1889년 자신의 고향 모리마치(森町)에서 「일본오룡홍차회사(日本烏龍紅茶会社)」를 개업한 것을 보면 이 때 오룡차와 홍차의 제다기술을 익혔을 것으로 보인다. 그 뿐만 아니다. 1890년에는 사재를 털어 「오룡차품평회(烏龍茶品評会)」를

모리마치에서 개최하기도 했다. 이처럼 그의 오룡차에 대한 열의는
대단했다.

그의 제품은 미국 등지로 수출되었으나, 성과는 그다지 좋지 않았
다. 해외 수출량도 줄고, 국내 소비도 거의 없어 명치 말기에는 오룡
차의 제조는 거의 중단되었다. 그러나 홍차는 인기가 있었다. 1893년
에는 그의 이름으로 황실에 홍차를 헌상할 정도로 발전을 이루고 있
었다.

이러한 그를 대만총독부는 기수(技手)로서 임명하고, 타이베이 주변
지역에서 차재배를 개시하여 대만에 적합한 다업(茶業)이 무엇인지 조
사를 벌였다. 그리고 1896년에는 「중국식 홍차」, 「인도식 홍차」를 시
험 제조했다.

일본인 후지에는 대만뿐만 아니라 해외시찰도 적극 나섰다. 1898년
에는 복건성(福建省)과 광동성(広東省)을 방문하여 제다법을 배우는 동
시에 차 시장의 현황도 조사했다. 1901년에는 유럽과 스리랑카를 시
찰했다. 그의 성과보고를 토대로 1901년 총독부는 타이베이의 문화(文
化)와 도원(桃園)에 「차수재배시험장(茶樹栽培試験場)」을 설치했고, 이어
서 1903년에는 식산국(殖産局) 부속 「제다시험장(製茶試験場)」을 개설하
여 후지에를 초대 장장(場長)으로 임명한다. 여기서 그는 녹차와 홍차
의 가능성을 추구했다. 그의 노력의 결실이 1906년 러시아 수출용 「홍
전차」를 제조하여 처음으로 수출하여 호평을 얻었다. 이것이 세계 최
초로 대만홍차를 선보인 것이었다.[10]

10 「전차(磚茶)」는 영어권에서는 「Tea brick」이라고 하며, 「磚」이란 벽돌을 의미한
다. 그러므로 이 차는 마치 벽돌 또는 보도 블록과 같은 모양을 한 고형차를 말한
다. 이것은 신장(新疆) 위구르의 회교도를 위해 운반에 편리하게 만든 것에서 유

「홍전차」란 홍차의 분말을 벽돌과 같이 고형으로 만든 것이었다.[11] 이것은 그가 중국 호북성 한구에서 익힌 한구식 홍차(漢口式紅茶)이었다. 그의 시험장에서 제조된 것이 중국 호북성을 통해 몽고를 경유하여 시베리아, 그리고 모스크바, 상트페테르부르크까지 운반되었다. 즉, 「만리차로(萬里茶路)」[12]로 불리는 차의 실크로드를 통해 수출된 것이다. 그의 호북성 한구에서 유학한 힘이 유감없이 발휘된 것이었다. 이것으로 보아 총독부는 처음부터 차의 수출지로서 러시아를 염두에 두고 개발된 것임을 알 수 있다.

그럼에도 일본은 대만에서 「홍전차」를 만들지 않았다. 당시 일본은 1937년 중일전쟁이 발발 후, 몽고지역을 점령하고 있었기 때문에 「전차」를 마시지 않으면 생활할 수 없는 몽고인들의 생활양식을 파악하

래되었다 한다. 티벳의 「버터 차」도 전차를 부수어 끓인 것이며, 「茶馬古道」에서 운반에서 티벳으로 유통된 것도 이 차이다. 여기에는 흑차를 원료로 하는 黑磚茶와 茯磚茶(湖南省)가 있고, 老青茶를 원료로 하는 青磚茶(湖北省), 홍차를 압축하여 만든 米磚茶(四川省) 등이 있다. 단 花磚茶는 같은 磚茶라는 명칭을 가지고 있으나, 외형이 円柱形이다. 일본에서도 明治시기부터 제2차세계대전까지 熊本県 宇城市小川町 등에서 紅磚茶가 생산되어 중국과 러시아 방면으로 수출되었다. 方茶도 磚茶의 일종인데, 납작한 正方形이며, 윗면에 문자가 새겨져 있다.

11 홍전차(미전차)의 생산은 20세기 초. 사용하는 원료는 半成品의 홍차. 滇紅(운남 홍차), 祁紅(안휘성 홍차), 宜紅(湖北省 홍차)가 있고, 시대에 따라 양의 비율은 다르다. 현재는 전홍이 가장 많다. 제조법은 선별－혼합－蒸熱(약 150℃/ 35분)－긴압(緊壓: 성형 30분)－홍건(烘乾: 50℃－10일간)－포장. 제조는 9월 1일부터 춘절까지. 너무 더워도 양질의 제품을 만들 수 없기 때문이다.

12 한구는 청나라 때 가장 큰 차 무역 장소이었다. 기록에 따르면 이곳의 수출찻잎은 전 중국시장의 85% 차지했고, 전 세계의 60% 차지했다 한다. 1909년 이곳에는 차관만 150여집이 있었고, 1934년에는 373집이 있을 정도로 중남 제일의 차시장이었다. 17~20세기초 중국 찻잎은 러시아와 유럽으로 수출되었는데, 거리로 보면 1만 3천킬로 된다. 차상들은 중국 남방차들을 복건에서 수로를 이용하여 한구에 모은 뒤 다시 수로로 호남성 북부와 하남성 북부까지 이동시킨 다음 육로로 산서성, 내몽고, 모스크바까지 운반했다. 이 길을 만리차로라 한다. 장거리 운송과 보관에 편리하도록 상인들은 벽돌차(磚茶)로 가공했다. 러시아인들은 이를 잘게 부수어 용기에 넣고 끓인 후 설탕과 우유를 넣어 마셨다.

고 있었다. 여기에 부합한 제다회사를 대만이 아닌 일본에 만들었다. 그것도 국책회사로서 만들어졌다. 시즈오카(靜岡)의 「동아제약(東亞製藥)」, 미야자키(宮崎)의 「소화산업미야자키제다소(昭和産業宮崎製茶所)」가 바로 그것이었다. 아마도 일본당국은 국내산업을 육성하려고 하였던 것 같다. 1942년에는 1500톤을 수출했다는 기록도 있다.[13]

전쟁이 막바지로 치닫는 1943년에야 대만에도 「대만전차주식회사(臺灣磚茶株式會社)」가 설립되고, 만주를 목표로 「전차」가 제조되었다. 그러나 이 회사는 전쟁이 끝나면 대만 측에 넘겨져 그 역할이 끝나고 만다.[14] 이같이 러시아와 몽고, 그리고 만주를 겨냥하여 개발된 대만의 「홍전차」의 역사는 매우 짧다.

한편 대만 총독부의 식산국은 1921년 현재 도원에 「평진다업시험지소(平鎭茶業試驗支所)」를 개설하고 새롭게 홍차용 인도 앗쌈종을 도입하여 본격적으로 시험연구에 돌입했다.

여기에는 당시 일본정부가 인도로부터 차에 대한 정보를 가지고 있었다. 1895년 인도 봄베이영사로 임명된 구레 다이고로(吳大五郎)[15]가 인도 각지의 경제사정을 조사한 후, 「인도내지순회복명서(印度內地巡回復命書)」를 작성하여 발표했다. 여기에 당시 앗쌈, 벵갈의 다원 역사와 다즐링 홍차의 제법, 기계화의 진전 상황에 대해 자세히 서술되어 있다. 그러면서 「대만은 이제 일본에 속해 있으며, 차 생산이 풍부하

---

13 須賀努(2019)「初期台湾茶業に貢献した日本人—藤江勝郎と可德乾三(2)—」『交流』(945), 日本台湾交流協会, p.20.
14 須賀努(2019)「初期台湾茶業に貢献した日本人—藤江勝郎と可德乾三(2)—」『交流』(945), 日本台湾交流協会, p.20.
15 그는 훗날 미쓰이물산에 발탁되어 1900년 조선의 경성에 미쓰이물산 지사가 개설되었을 때, 초대 소장을 역임했다.

여, 일본의 다즐링을 만들자」고 제안했다. 이러한 정보가 반영되어 1933년 대만총독부는 식산국을 통해 앗쌈종을 도입하여 중남부지역인 어지(魚池)에 재배했다.

이러한 작업에는 북해도제국대학(北海道帝國大學) 농학부 출신들이 대거 참가했다. 가령 초대 지소장 야마다 히데오(山田秀雄: 1921~1924), 2대 소장 오시마 킨타로(大島金太郎: 1924~1925)[16], 4대 소장 타니무라 아이노스케(谷村愛之助: 1926~1939), 6대 소장 오노 시게오(大野成雄: 1943~1945)이 모두 북해도제국대학 출신이었다. 특히 초대 소장을 역임한 야마다는 「평진다업시험지소」에서 15년간 재직했다. 재직 기간 중 그는 인도, 스리랑카, 인도네시아 등의 홍차가 지금까지 대만의 주력이었던 오룡차, 포종차의 시장을 잠식하기 시작하여 매출이 떨어져 홍차로 전환하기로 했다. 그리하여 1914년 야마다는 네델란드령 인도, 영국령 인도로 5개월간 출상을 나가 현지에서 홍차 조사를 행한 바가 있다. 야마다는 50세 때 퇴직했다. 그리고 그의 후임으로서 1926년에 발탁한 인사가 타니무라 아이노스케이었다. 타니무라는 녹차생산지로 유명한 교토 우지(宇治) 출신이었다. 그리고 타니무라의 부하로 배속된 자가 대만 홍차의 아버지로 불리는 아라이 코키치로(新井耕吉郎: 1904~ 1946)이었다.[17]

---

16 大島金太郎(1871~1934): 일본의 농학자. 長野県諏訪郡宮川村 출신. 1893년 札幌 農学校 졸업. 1895년 삿뽀로농학교(札幌農学校)의 조교수로 취임. 1898년부터 農芸化学 연구를 위해 미국과 독일에 유학. 1903년 귀국 하여 삿뽀로농학교 교수 가 되어 그 이듬해부터 北海道庁技師를 겸임했다. 1920년 대만총독부 技師가 되어 대만총독부 중앙연구소 농업부장으로서 사탕수수 등 품질개량에 종사했다. 또 대만총독부 농림전문학교교장, 台北高等農林学校 교장 등을 역임했다. 그 후 대북제국대학(台北帝国大学) 창립위원이 되었고, 1928년에 대북제국대학이 성립되자, 교수, 농학부장으로 취임했다.

17 菅大志(2020)「臺灣通信」『きぼうの虹』北海道大学生活共同組合, p.4.

그림 4 아베 코베(安部幸兵衛)의 흉상

4. 북부지역으로 진출한 일본기업

후지에의 차에 대한 열정으로 성공을 거두게 되자 일본 국내에서도 여기에 대한 관심을 가지는 기업들이 있었다. 그 대표적인 것이 제당과 제분으로 유명한 실업가 아베 코베(安部幸兵衛: 1847~1919)[18]와 당대 일본 최고의 재벌인 미쓰이(三井家) 그룹이 있었다. 이 두 기업이 대만에서 어떤 홍차산업을 하였는지 그 과정을 살펴보기로 하자.

(1) 일본대만다업주식회사

아베 코베 등이 본격적으로 대만에 홍차 산업에 투자를 하기 시작한 것은 1910년부터이다. 이들은 먼저 「일본대만다업주식회사(日本台湾

---

18 幕末의 상인. 일본의 실업가. 増田屋安部幸兵衛商店을 열고, 糖商으로서 이름을 날렸다. 横浜舶来砂糖貿易引取組合을 조직하고, 다수의 기업을 설립하며, 사장 및 경영진에 참가 했다.

茶業株式会社)」를 설립하고, 묘율(苗栗)의 다원을 매입했다. 그러나 이들
은 제조기술을 가지고 있는 것이 아니었다. 이 부분에 대해서는 후지
에 카쓰타로를 전무취재역(專務取締役) 기사장(技師長)으로 발탁하여 해
결하려고 했다. 그러자 후지에는 「차수재배시험장(茶樹栽培試驗場)」을
휴직하고, 자신의 찻잎 생산 업무를 이관했다. 즉, 관청의 연구개발자
에서 민간 기업의 현장책임자가 된 것이다. 그러나 정확한 원인은 알
수 없으나, 생산의 능률도 오르지 않아, 회사가 막대한 손실을 입자 후
지에는 그에 대한 책임을 지고 회사를 그만 두고 귀국해버렸다.

후지에는 귀국하였지만, 기술개발자로서 또 한명의 기술개발자가
있었다. 그는 다름 아닌 가토쿠 켄조(可德乾三: 1854~1926)이었다. 그도
후지에와 유사한 차 수업 경험을 가지고 있었다.

가토쿠는 1854년 현재 코시시(合志市) 다카바(竹迫)에서 가투쿠 쇼고
(可德庄吾)의 3남으로 태어났다. 농부였던 그의 아버지 쇼고는 일본의
장래는 양잠(養蚕)과 다업(茶業)이라고 생각하고, 장남에게는 농업을, 2남
에게는 양잠, 3남인 켄조에게는 다업을 배우게 했다. 그리하여 1874년
농업성(農務省) 권업료(勧業寮= 훗날 勧業局)가 만든 「야마가다업강습소
(山鹿茶業講習所: 훗날 중국식 홍차전습소)」에 강습생으로서 입소하여 중국
인 능장부(凌長富), 요추계(姚秋桂)에게 홍차 제다법을 배웠으나, 이들
은 모두 안휘성(安徽省) 출신으로 녹차전문가들이었다. 그러므로 이 시
기에 그가 홍차제다 기술을 충분히 익혔다고 보기 어렵다.

그는 1876년 구마군(球磨郡) 히도요시초(人吉町)의 「권업료제다전습
소(勧業寮製茶伝習所)」에 관비생(官費生)으로서 들어가 수업을 했고, 1877년
에는 고치(高知)의 전습소에서 홍차의 제다법을 익힌 다음, 구마모토

134

현(熊本県)의 전습소 강사가 되었고, 1878년에는 요코하마(横浜)의 외국
상관(外国商館)의 직원이 되어 홍차의 가공업과 포장기술을 습득했다.
1879년에는 「부지화사(不知火社)」라는 합자조직을 설립하여 산차(야생
차)를 이용한 홍차를 만들어 판매했다.

　1881년에는 요코하마의 「일본홍차직수회사(日本紅茶直輸会社)」 설
립에 관여하였고, 국내의 주요산지에 제다장 20여개소를 설립하였으
나, 인도와 실론차와의 경쟁에서 이기지 못해 대부분의 재산을 잃어버
렸다. 1884년에 「다업조합준칙(茶業組合準則)」이 발포되고, 켄조는 차
의 품질향상과 제품의 통일이 필요하다고 강조하고 다업조합(茶業組
合)을 조직했다. 조합 설립 후는 전습소와 시험소의 소장 또는 교사로
서 활약했다. 그는 1887년 관비유학생으로서 중국의 한구에 들어가
당시 러시아 수출용으로 만들고 있었던 중국식 홍차(홍전차)의 제다법
을 배우고 귀국했다.

　1896년 42세의 켄조는 「규슈다업회(九州茶業会)」의 위촉을 받아 시
베리아에서 판로조사를 위해 도항하여 블라디보스톡, 하바로스크, 니
콜라예프스크, 블라고베셴스크, 이르쿠츠크 등의 도시를 시찰하고
1897년 귀국했다. 그러나 1898년 다시 자비로 러시아로 들어가 치타,
하이랄을 중심으로 시베리아에서 몽골지대를 다니며 홍차와 전차의
시판을 하여 호평을 얻었다. 여기에 힘입어 「다업조합중앙회의소(茶
業組合中央会議所)」로 부터 블라디보스톡 출장소의 상무원(常務員)으로
서 촉탁되어 출장소를 개설하고 아베노 토시유키(阿倍野利恭: 1870~1952)
를 지배인으로 고용했다.

　당시 아베노는 구마모토시(熊本市) 스이도초(水道町) 출신으로 1887년

「제제횡(済々黌)」에 입학하여 1889년 중퇴하고 도쿄로 가서 「화불법률학교(和仏法律学校)」(현 法政大学)에 들어가 수학했다. 졸업 후 그는 러시아, 극동, 만주에 가서 가토쿠 켄조를 만났던 것이다. 그는 사실 일본정부의 첩보원이었다. 그 때 그는 켄조를 만나 다업판매조사(茶業販売調査)를 위장하여 상당히 위험한 정보수집활동을 했다.[19]

그러나 가토쿠는 오로지 홍전차를 시베리아에서 판매하고자 판로조사를 아베노와 함께 하였던 것이다. 당시 러시아인들은 차를 조금씩 부수어 용기에 넣어서 끓이거나, 끓인 물에 타서 마시는 것이 일반적이었기 때문이다. 또 가토쿠는 하바로프스크에 자력으로 카토쿠상점(可徳商店)을 열고, 지배인으로서 같은 구마모토 출신인 니시미네(西峰次)에게 상점의 운영을 맡기고, 어학과 무역의 실무연수를 위해 도항해 있던 4명의 구마모토현 출신 청년들에게 홍차와 전차의 수출업무을 담당케 했다.

1899년 켄조는 블라디보스톡 출장소 상무원을 그만두고 귀국하여 자신의 경험을 살려 이전부터 관계를 맺고 있던 「히고제다합자회사(肥後製茶合資会社)」를 주식회사로 변경하고, 차의 생산과 판로 개척 등의 사업 확대를 계획했다. 그리고 규슈와 시코쿠(四国)의 차업자들이 만든 「규슈제다수출주식회사(九州製茶輸出株式会社)」의 경영 임원이 되어 오로지 홍차와 녹차, 전차를 생산하여 동부 시베리아에 수출하는데 진력했다. 이처럼 그는 차를 러시아에 수출하는데 온힘을 다했다. 그러나 그의 꿈은 러일전쟁의 발발과 종전, 그리고 시베리아에 주둔하고

---

19 岡本惠也(2016)「〈熊本学園大学〉創設裏面史: 知られざる人々、知られざる事柄(岡本惠也教授 退職記念号)」『熊本学園大学経済論集』(22), 熊本学園大学, pp. 316-317.

있던 수만의 군대가 해산됨에 따라 차판매가 격감하여 다대한 타격을 입었다.

그럼에도 북방국가에 대한 수출을 포기하지 않았다. 1907년에는 「다업조합(茶業組合)」의 파견원으로서 동부 시베리아 각지의 판로조사를 벌이기 위해 혹한 가운데 몽골의 오지까지 다녔다. 이어서 1909년에는 중국 한구 북방에서 차의 정세를 답사하는 등, 수출 사업의 회복에 분주하게 움직였다. 그리고 그는 아베노와 함께 구마모토에서 「규슈전차주식회사(九州磚茶株式会社)」를 창업하여 홍차와 전차의 수출을 재개하려고 노력하였으나 실패하여 파산의 지경까지 빠져 있었다.

바로 그 때 대만의 후지에로부터 연락이 닿아 대만으로 건너가 「일본대만차주식회사(日本台湾茶株式会社)」의 기사로서 근무했다. 그러나 후지에와 대만에서 함께 일한 기간은 불과 1년 채 안되었다. 후지에의 귀국 후 그는 그곳에서 6년간 근무했다. 그 후 퇴사하여 도원청(桃園庁) 안평진역(安平鎮駅) 앞에서 매화원(梅花園)이라는 다포(茶舗)를 열어 녹차와 오룡차 그리고 홍차를 제조했다. 특히 그가 만드는 홍차는 일본에서도 호평을 얻었다. 한편 1922년 「차상공회(茶商公会)」가 대만 전체를 대상으로 실시한 제다 품평회에서 「재제오룡차(再製烏龍茶)」의 부문에서 2등상을 획득하고 있다. 1926년 7월 지병으로 73세의 나이로 대만에서 사망했다.

이러한 인재를 확보해 차산업을 확대하려는 「일본대만차주식회사」는 경영부진으로 1928년 미쓰이합명회사(三井合名會社)에 통합되어 역사 속으로 사라지고 말았다.

(2) 미쓰이합명회사

「미쓰이합명회사(三井合名会社)」는 사실 「일본대만다업주식회사」보다도 더 일찍 대만에 진출했다. 이 회사의 모회사는 일본 3대 재벌인 「미쓰이 그룹(三井財閥)」이다. 「미쓰이그룹」은 17세기 에도시대(江戶時代)에 「미쓰이에치고야(三井越後屋)」를 원류로 시작한 기업이다. 포목상 경영과 막부의 공금을 취급하는 금융업으로 성공하여 막대한 자본을 축적했다.

이러한 회사가 대만이 일본의 식민지가 된 후 정부와 합동의 형식으로 대만에 출자했다. 그 때 대만총독부로부터 대규모의 다원경지가 제공되어 1899년부터 타이베이(台北)의 해산(海山), 도원(桃園)의 대계(大溪) 등에 대규모 차밭을 조성해 홍차를 생산했다.[20] 1908년에는 「미쓰이합명회사」대만지사를 설립했다. 그리고 1922년 제다 기술자들을 인도, 스리랑카에 파견하여 품질의 개량과 향상을 꾀했다.

그 후 1923년에는 삼협에 당시 대만 최대의 제다 공장인 「대표제다 공창(大豹製茶工廠)」을 설립하여 주로 오룡차(烏龍茶)와 포종차(包種茶)를 만들었다. 그 뒤를 이어서 1924년에는 대료(大寮)에 공장을 짓고, 대만 내에서 통조림 형태의 「미쓰이홍차(三井紅茶)」를 제조 판매했다. 그리고 1926년에는 대계(大溪: 角板山製茶工場)[21], 묘율(苗栗) 등지에 각각 공장을 짓고, 영국식의 기계에 의한 대량생산 방식으로 생산체제를 갖추었다.

---

20 윤지인(2009) 「일본 홍차협회 활동이 문화에 미친 영향 연구」『차문화산업학』(11), 차문화산업학회, p.5.
21 大溪老茶廠: 台灣農林股份有限公司/桃園市大溪區新峰里1鄰復興路二段732巷80號.

그림 5 단 타쿠마(團琢磨: 1858~1932)

이 때 「미쓰이합명회사」의 이사장 단 타쿠마(團琢磨: 1858~1932)[22]가 1926년 직접 현지를 방문하여 다원과 공장을 면밀히 살펴보고 「오룡차의 제조를 전면으로 홍차로 바꾼다. 만일 실패하면 자신이 전적으로 책임진다」고 선언하고 홍차제조에 집중적으로 투자를 했다. 그로부터 1년 뒤 1927년에 시험작품이 완성되었다. 이를 영국의 런던시장에 출품하자 「다즐링과 닮은 우량품」으로 높은 평가를 받았다. 그리고 같은 해 국내판매도 개시한다.[23] 이것이 일본 최초의 브랜드 홍차인 「미쓰이홍차(三井紅茶)」이다. 「미쓰이홍차」는 그 후 「일동홍차(日東紅茶)」

---

[22] 일본의 공학자. 실업가. 작위는 남작. 福岡 출신. 藩校修猷館에서 수학. 1871년 岩倉使節団에 동행, 미국 유학하다. 1878년 MIT공대 광산학과 졸업 귀국. 大阪専門学校, 東京大学理学部 조교수. 1884년 工部省에 들어가 鉱山局次席, 三池鉱山局技師가 되다. 1888년 三井三池炭鉱社事務長, 1893년 三井鉱山合資会社専務理事, 1909년 三井鉱山会長, 1914년 三井合名会社理事長으로 취임 三井財閥의 총수가 된다. 1917년 日本工業倶楽部의 初代理事長, 1922년 日本経済聯盟会 설립 理事長과 회장 역임. 1932년 東京日本橋에서 菱沼五郎의 저격으로 사망.

[23] 日東紅茶編輯部(2014)「日東紅茶 ニッポン・ロングセラー考」『日東紅茶』(125), 三井農林株式会社, 2014年 4月號, https://www.nttcom.co.jp 〉comzine 〉long_seller.

그림 6 1930년대 일동홍차(日東紅茶)의 광고

로 이름을 바꾸었고, 상공성(商工省)으로부터 우량국산품(優良国産品)으로 지정됨과 동시에 런던, 뉴욕, 중근동 등 세계각지에 수출하여 호평을 얻었다. 그리고 1928년경부터 「합명차(合名茶)」라는 홍차를 생산했고, 1933년에는 「일동홍차(日東紅茶)」라는 이름으로 연간 600만톤을 생산했다.

「일동」은 일본어로 「닛토」가 된다. 이 이름이 선택된 것은 당시 세계홍차시장을 독점하고 있었던 립톤(Lipton)을 추격한다는 의미에서 립톤과 유사한 발음이 나는 「닛토(日東)」로 정해졌다는 설이 있다.

1937년에는 미쓰이 합명(三井合名)은 농림과(農林課)를 분리 독립시켜 「일동척식농림주식회사(日東拓殖農林株式会社)」를 설립하여 미쓰이 합명의 다업(茶業), 임업 등 모든 사업을 인수했다. 1939년 대만의 어느 신문광고에는 「순국산(純国産)」을 강조하고. 제조원(製造元)은 일동척식(日東拓殖), 발매원(発売元)은 미쓰이물산(三井物産), 대만 내의 판매는 「쓰지리다포(辻利茶舗)」[24]라고 적혀있었다. 이처럼 제조와 발매 그리고 판매를 각각 별도로 했었다.

대만을 근거지로 삼은 「일동홍차」는 세계적인 홍차기업으로 성장할 수 있는 계기를 맞이하게 된다. 1933년부터 5년간 인도, 스리랑카, 쟈바 등 홍차생산 주요국가들은 홍차의 국제가격을 유지하기 위해 생산량을 제한하는 협약을 맺고 있었다. 그러나 일본은 그 협약에 참여하지 않았기 때문에 홍차산업에 박차를 가할 수 있었다. 이것이 미쓰이의 세계 차 시장으로 진출하여 성공을 거두는 데 가장 크나큰 견인차 역할을 했다. 미쓰이는 1930년부터 1940년까지 10여년 간 판로를 미국, 유럽, 아시아, 아프리카, 그리고 호주 등 까지 확대하여 홍차사업에서 최고의 정점을 찍었다. 이 기간 동안 홍차의 총취급량이 409톤에서 2,400톤까지 증가했다.[25]

그러나 1945년 일본이 패망하고 일본 통치시기가 끝나자 미쓰이합명회사는 대만에서 철수했다. 이들의 공장 설비 및 자본 등은 1946년 대만정부가 설립한 대만농림(台湾農林)이 접수했고, 그 중 미쓰이의 「대계 공장」은 대만정부 농림처(農林處)가 설립한 「대만다업공사(台湾茶業公司)」가 인수하여 「대계다업(大渓茶葉)」으로 개명하여 운영을 하였다. 그러나 이것도 1955년에 이르자 제조를 중지했다. 그리고 1956년 화재로 공장이 전소되었으며, 그 후 재건되어 1995년 까지 홍차공장으

---

24 현재 일본에는 「辻利」라는 이름을 사용하는 업체가 2개가 있다. 하나는 「辻利兵衛本店」이고, 또 다른 하나는 「祇園辻利」이다. 그 중 원조는 전자이다. 후자는 1948년 대만에서 귀국한 三好德三郎의 장남 三好正雄 가족이 正雄의 사촌 辻利一(辻利右衛門의 손자)와 협력하여 祇園町에 설립한 회사이다.

25 日東紅茶編輯部(2014)「ウーロン茶から紅茶へ。世界市場を見据えた決断」『日東紅茶』(125), 2014年 4月號, 三井農林株式会社, https://www.nttcom.co.jp/comzine/no131/long_seller/.

로서 가동했으나, 생산량의 저하로 정지되었다. 2010년에 이르러 대만농림유한공사(台湾農林有限公司)가 재건에 착수하여「대계노차창(大溪老茶廠)」으로 개칭하여 운영되고 있다.

일본으로 돌아온「미쓰이」는 1949년「일동농림주식회사(日東農林株式會社)」를 설립하고, 1951년에 시즈오카현(靜岡縣) 후지에시(藤枝市)에 홍차의 생산과 포장공장을 세우고, 홍차사업을 재개했다. 이처럼 세계적인 일본의 홍차기업인「일동홍차」는 대만에서 대규모 사업을 벌였던「미쓰이합명회사」에서 발전한 것이다.

(3) 대만홍차주식회사(台湾紅茶株式会社)

신죽현(新竹県)은 수도 타이베이(台北)의 남서쪽에 위치한 지역이다. 이곳에 관서진(關西鎮)이라는 곳이 있다. 원래는「함채붕(咸菜硼)」이었으나, 객가어(客家語)의 발음이 일본통치시대에 일본인들이 듣기에 그 지명이「관서장(関西庄)」과 유사하여 관서진(関西鎮)으로 개명되었다.

1930년대 이곳의 농가들은 자신들이 필요한 차를 조금씩 재배하고 있었다. 대개 이들이 재배한 차나무의 품종은 현재에는 거의 찾아보기 어려운 황감종(黄柑種)이었다. 이 품종은 광동성 객가인들이 전래한 것으로 추정되는데, 처음에는 오룡차와 포종차를 만들었으나, 그것에 적합하지 않아 그것으로 홍차를 만드는데 사용하였더니 품질이 나쁘지 않았다. 그리하여 이것으로 홍차를 만들었다.

이 지역민들 가운데 일본기업 미쓰이(三井)의 공장 또는 총독부 식산국이 세운 시험장에서 홍차제조 기술을 배운 사람들이 있었다. 이를 바탕으로 1937년에 대만의 객가인(客家人) 나씨(羅氏) 일족들이

142

「대만홍차주식회사(台湾紅茶株式会社)」를 세우고, 홍차생산을 하기 시작했다. 그러나 자신들은 수출하는 수단을 가지고 있지 않아 소득이 많지 않았다. 그리하여 이들은 타이베이의 대도정(大稻埕)에 영업소를 두고, 외국상인을 거치지 않고, 관서에서 딴 찻잎을 모아 직접 구미로 수출했다.

관서의 「대만다업문화관(台湾茶業文化館)」 관장인 나경사(羅慶士)씨의 말에 의하면 일제시대 당시 「대만홍차주식회사」는 세계의 86개 항구로 찻잎을 수출한 대만 자본으로는 최대의 홍차기업이었다. 1938년에는 일본의 재벌 미쓰비시(三菱)가 이 회사와 제휴하여 몽고와 러시아(당시 소련)에 수출계획을 세운 적이 있으나 2차 세계대전이 발발하여 그 계획이 무산되었다 한다.

1945년 전쟁이 끝나고 찻잎의 수출길이 다시 열렸다. 이번에는 다른 문제가 발생했다. 그것은 다름 아닌 상품의 국적 문제이었다. 지금은 「MADE IN TAIWAN」이라는 이름을 사용하고 있으나, 1945년부터 49년까지 대만은 어디에도 속하지 않았기 때문에 대만을 독립국으로서 「Taiwan」이라고 해도 어디에서도 받아주는 곳이 없었다.

중국 대륙에서는 공산당과 국민당이 내전을 벌이고 있었기 때문에 그 문제는 해결나지 않았다. 그리하여 상인들은 하는 수없이 한자로는 「중화민국 대만성제(中華民國臺灣省製)」 또는 「중화민국 대만제(中華民國臺灣製)」라고 하였으나, 문제는 영어표기였다. 처음에는 「MADE IN FORMOSA CHINA」 「FORMOSA」라고 수출하다가, 1950년 이후는 「REPUBLIC OF CHINA」, 「TAIWAN, FREE CHINA」라는 이름으로 수출하기도 했다 한다.

그림 7 홍차 수출 상자에 붙인 국가 이름

현재 대만홍차주식회사는 1937년부터 사용하던 건물을 활용하여 「대만다업문화관(일명 台灣紅茶博物館)」을 개설하여 대만홍차의 역사와 문화를 알리는 데 주력하고 있다.[26]

5. 중부지역에 진출한 일본과 대만의 기업

오늘날 대만홍차로서 「일월담(日月潭) 홍차」가 유명하다. 일월담은 중부지방인 남투현(南投縣) 어지(魚池)에 있는 호수이다. 이 호수가 있는 어지는 과거 오성보(五城保)라고 하였는데, 원주민 소족(邵族)의 거주지이었고, 현재는 남부 복건성 출신자들이 많이 이주하여 사는 곳

---

26 台湾紅茶股份有限公司関西茶廠/ 住所 新竹県関西鎮中山路73号/ 電話 03-5872018.

그림 8 어지(魚池)의 제다공장

이다.

이 지역에는 원래 자생차가 있었다. 1717년의 기록인 『제라현지(諸羅県志)』 등의 옛 문헌에는 「수사연(水沙連)에 차가 자생하고 있다」고 기록하고 있다. 이것이 대만 자생차에 관한 가장 오래된 기록이다. 원주민들은 지금도 자생 찻잎으로 차를 만들어 마셨다고 한다.

이곳에서는 「대만홍차의 고향」이라는 비석이 있을 만큼 홍차의 산지로서 긍지가 높다. 사실 총독부가 1918년에 개설한 포리(浦里)와 어지(魚池)의 경계지역에 있는 「연화지약용식물원(蓮華池薬用植物園)」에서 앗쌈차를 심고 시험재배를 하고 있었다. 그 주역은 타니무라(谷村)와 아라이(新井)이었다. 이들의 실험은 1928년부터 1934년까지 행하였으며, 그 결과를 타니무라가 「연화지에 있어서 앗쌈종 및 자생종 차엽

145

그림 9 가와가미 타키야(川上瀧彌: 1871~1915)

의 재배에 대하여」라는 제목으로 논문을 발표했다. 논문에서 그는 연화지에서 홍차시식은 「제다의 품질도 우량하고, 수량도 타 산지에 비해 떨어지지 않는다」는 것이었다.

「연화지약용식물원」은 북해도제국대학 출신 가와가미 타키야(川上瀧彌: 1871~1915)[27]가 1913년 말라리아약인 키니네의 원료가 되는 키나나무를 시식하는데 연화지 부근 포리(浦里) 도미계(桃米溪)에서 성공을 거두었기 때문에 생겨난 것이었다. 포리와 어지에는 옛날부터 「수사련(水沙連)」이라는 야생 차나무가 자생하고 있다는 구전이 있었는데, 가와가미 타키야가 1907년 7월 포리와 어지에서 차나무 표본을 채취했다. 이것이 계기가 되어 포리와 어지에 각각 「홍차시험지소(紅茶試驗支所)」가 개설되어 연구가 진행되었다.[28]

---

27 日本 야마가타현(山形縣) 출신. 식물학자. 1897년 札幌農学校의 학생이었던 그가 阿寒湖에서 マリモ를 발견하고, 그 이듬해 「毬藻」로 명명했다. 졸업후 대만으로 건너가 총독부의 기사로서 대만내의 植식물상과 유용식물의 조사를 시작하며 여러 가지 업무를 진행했다. 그 중 하나가 현재 国立台湾博物館의 건설이며, 그가 초대관장이 되었다. 그러나 1915년 병으로 쓰러졌고, 44세의 젊은 나이로 사망했다.

그림 10 어지(魚池)의 다업개
량장(茶業改良場) 내
에 있는 〈대만 홍차
의 고향〉이라는 석비

　그 이후 포리는 커피, 어지는 홍차를 역점 두어 개발되었다. 「어지홍
차시험지소(魚池紅茶試驗支所)」의 초대 소장은 타니무라 아이노스케(谷
村愛之助: ?~1915)이었고, 2대 소장이 후루이치 마코토(古市誠: ?~1918), 3대
소장이 아라이 코키치로(新井耕吉郎: 1904~1946)이었다.[29]

　총독부의 식산국은 어지에 1925년경 인도 앗쌈종을 도입하여 어지
와 녹숭(鹿嵩)에 차나무를 심고 시험재배에 들어갔다. 이 때 민간인으
로서 적극 협력한 사람이 와타나베 덴에몬(渡辺傳右衛門)과 모치키 소조
(持木壯造)였다. 와타나베는 「일본대만차주식회사」의 홍차 해외 판매
담당을 하고 있었고, 모치키는 대만이 일본의 식민지가 되자 곧장 대
만으로 건너가 총독부 병참부(兵站部)에서 근무한 인물이었다. 원래 그
땅은 스즈키상점(鈴木商店)의 간부인 히라다카 토라타로(平高寅太郎:
1879~1956)[30]가 별도의 용도로 총독부로부터 불하받았던 것을 1921년

28　菅大志(2020)「台湾通信」『きぼうの虹』北海道大学生活共同組合, p.4.
29　菅大志(2018)「続・演習林と珈琲の百年物語」『交流』(923), 日本台湾交流協会,
　　p10.
30　高知県安芸郡田野村(現・田野町) 출신. 大番頭・金子直吉에 의한 스즈키 상점
　　(鈴木商店)의 快進撃을 추진한 大幹部로 스즈키 상점 四天王 중 한명이었다. 스

에 모치키가 인수한 것이었다. 이것으로 보아 이 지역에 일찍부터 일
본인들이 진출해 있었다. 이 지역의 홍차산업에 이들의 공헌도 컸다.

그럼에도 현지에서는 와다나베와 모치키의 이름 보다는 아라이
코키치로의 이름이 더 잘 알려져 있다. 심지어 아라이를 위해「고기
사 아라이코키치로 기념비(故技師新井耕吉郞紀念碑)」라는 비를 세우고,
그를「대만홍차의 아버지」또는「대만홍차의 개조(開祖)」라고 부르
고 있다. 즉, 그를「홍차 산업의 은인」으로 숭상을 하고 있는 것이다.

그러나 엄밀히 말하면 아라이는 차품종의 보존 및 개량에 몰두한 연
구자이며, 와다나베와 모치키는 이를 가지고 차밭을 일구어 제품을 생
산한 기업가라고 할 수 있다. 그러므로 식민통치기간동안 이 지역의
홍차산업에서 이 3명을 제외하고는 말할 수 없을 것이다. 따라서 이 책

스즈키 상점의 四天王으로 불린 자는 窪田駒吉, 平高寅太郞, 高橋半助, 谷治之助이
었다 이들 중 高橋 이외는 모두 高知縣 출신이다. 히라다카는 1901년경 大阪에서
동생과 함께 砂糖商을 경영했었는데, 金子直吉에게 발탁되어 스즈키 상점에 들
어갔다. 1895년 8월 스즈키 상점은「小松組」라는 명의로 樟腦商으로서 台湾進出
을 기획하고 1907년말 타 회사들보다 늦게 糖商으로서 台湾에 진출했다. 당시 大
里에 부임해 있던 平高는 金子의 명을 받아 지점개설을 위해 淸国을 건너가 大
連·奉天을 시찰한 후, 天津·上海·広州를 경유하여 귀국했다. 히라다카는 1
주일 후에 대만의 台南으로 가라는 명을 받고, 3,4개월 예정으로 갔으나, 그 후 히
라다카는 10여년을 대만에서 사업을 하게 된다. 당초 히라다카는 대남(台南)의
旭館이라는 숙소에 머물렀으나 이윽고 한 채의 집을 빌려「스즈키 상점 대만출장
소」라는 간판을 걸고 주로 赤糖 매수에 힘을 쏟았다. 이 출장소가 대만에서 스즈
키 상점의 최초의 店舖이다. 平高는 台南, 台中, 台北로 출장소와 지점을 확충하
였으며, 스스로 台南支店長, 台湾(台北)支店長 등을 역임했다. 당시는「면도날
(剃刀) 지점장」이라고 불리며 島内全事業의 총괄책임자로서 제당업을 중심으로
업무 확대에 능력을 발휘했다. 일본통치 초기의 樟腦事業을 제외하면 스즈키 상
점이 대만에서 새롭게 사업을 한 것은 모두 히라다카에 의한 기획·실행되었다고
보아도 과언이 아니다. 히라다카가 관여한 사업의 대부분은 히라다카 자신이 출
자 혹은 役員에 취임했다. 1920년 히라다카는 병치료와 요양을 귀국하여 잠시 본
사 근무를 하다 다시 台湾·中国·南洋方面 감독을 하다, 나중에는 大連支店長으
로서 滿州로 갔다. 그리고 스즈키 상점은 大正後期에 台湾銀行의 지도에 의해 조
직·경영개혁이 추진되어 1923년 3월 合名会社 鈴木商店을「鈴木合名会社」로
개칭하고, 무역부문을 분리하여「株式会社鈴木商店」으로 했다.

그림 11 아라이 코키치로(新井耕吉郎: 1904~1946)

에서는 이 3명을 중심으로 당시 이 지역의 홍차산업에 대해 살펴보기로 하자.

(1) 아라이 코키치로(新井耕吉郎: 1904~1946)

아라이는 1904년 2월 26일 군마현(群馬県) 도네군(利根郡) 소소하라 (園原)에서 출생했다. 1921年, 구제 누마다중학교(旧制沼田中学校)를 졸업한 후 같은 해 북해도제국대학(北海道帝国大学) 농학부 농학실과(農学部農学実科)에 입학했다. 농학실과란 농학부에 부설된 중학교 졸업자 혹은 전문학교 입학자 검정합격자가 시험에 합격하면 입학할 수 있는 교육기관으로 졸업자는 「득업사(得業士)」라 불렸다.

1925년 3월 북해도제국대학을 졸업하고 득업사가 된 아라이는 지원하여 보병59연대에 입대하여 간부후보생으로 1년간 우즈노미야(宇都宮)에서 군대생활을 했다. 만기 제대 후 1926년 5월, 22세의 나이로 대만으로 건너가 대만총독부 중앙연구소에 취직하여 조수로서 신죽

그림 12 어지홍차시험지소(魚池紅茶試驗支所)에서 재직 시 아라이와 그의 직원

(新竹)의 「평진다업시험지소(平鎭茶業試驗支所)」에 부임했다. 대만총독부 중앙연구소는 1921년 8월 총독부 농업연구소를 흡수하여 설치된 총독부 직속 연구기관이다.

그는 주로 차엽의 품종개량에 대해 연구를 했다. 그는 홍차제조의 적합한 지역을 찾기 위해 대만 전국을 조사한 결과 최종적으로 중부 남투현(南投縣)에 위치한 일월담 호반의 수사촌(水社村) 묘란산(貓嘲山) 중턱 해발 800m 부근 일대를 홍차의 산지로서 적합하다고 보았다. 그리하여 1936년 태중주(台中州) 신고군(新高郡) 어지(魚池)에 아라이의 제안으로 「어지홍차시험지소(魚池紅茶試驗支所)」가 개설되었다. 앞에서도 언급하였듯이 그곳의 마지막 지소장을 역임한 인물이다.

아라이는 「평진다업시험지소」와 신설된 「어지홍차시험지소」를 겸무했다. 그리고 5명의 가족을 부양하는 가장으로서 바쁜 나날을 보

냈다. 그러다 그 이듬해인 그는 1937년 12월에 소집되어 「육군운수기
륭출장소(陸軍運輸基隆出張所)」에 배속되었다. 그리고 반년이 지난 1938년
6월에 제대하여 대만총독부 농사시험소 기수로 승진하여, 「어지홍차
시험지소」와 「평진다업시험지소」에 복귀되었다. 이를 계기로 다시
그는 대만홍차의 재배를 목표로 연구를 진행했고, 각지에서 앗쌈종의
차나무를 수집하여 대만의 재래종과 교배시켜 대만에 가장 적합한 품
종개발에 몰두했다.

　1941년 3월에는 대만총독부 농업시험장 기사로 승진함과 동시에
「어지홍차시험지소장」으로 발탁되었다. 당시 「어지홍차시험지소」
는 아라이를 포함하여 총 6명의 직원만 있었다. 지소 옆에 살았던 아라
이는 아침 일찍 출근하여 저녁 늦게 퇴근했다. 그 결과 병설된 실론식
제다공장에서 「대만홍차」의 제품화에 성공했다.

　그가 지소장에 취임하였을 때 태평양전쟁이 발발하여 대만홍차의
사정이 급변했다. 유럽과 미국에 수출하기 위해 만들어진 대만산 홍차
의 수출길이 막히고 말았다. 이에 지소의 운영자금이 부족해졌을 뿐만
아니라 직원들이 소집됨에 따라 인재부족에 허덕였다. 또한 식량사정
이 어려워지자 총독부로부터 차밭을 야채밭으로 바꾸라는 요청이 있
었으나, 이를 거부하고 끝까지 차나무를 보존했다. 그가 「대만 홍차의
수호자」로 불리는 이유가 바로 여기에 있다.

　당시 대북제대(台北帝大)에서 1936년부터 3년간 교수로 재적한 야마
모토 료(山本亮)가 중국 안휘성(安微省)에서 수집한 약 5천종의 차씨에
서 키운 300그루의 묘목을 아라이가 재배하고 있었던 것이다. 1945년
일본이 패망하자 일본인들은 대만에서 철수하기 시작했고, 국민당 정

부가 들어섰다. 아라이는 지소장을 대만인 진위정(陳爲禎)에게 양도하고, 가족들은 귀국시키고, 자신은 기사로서 홀로 남아 홍차연구를 계속하는 길을 선택했다. 그러나 그 이듬해인 1946년 6월 19일 말라리아에 걸쳐 42세의 일기로 사망했다.

아라이가 숨을 거둘 때 이상한 현상이 일어났다. 한 마리 반딧불이 아라이의 시신 위를 날더니 차밭으로 날아갔다. 이를 지켜본 직원들은 아라이의 혼이 반딧불로 변하여 차나무를 지키기 위해 갔다고 생각하고 크게 울었다 한다. 그의 뒤를 이은 진위정은 아라이의 대만홍차의 연구에 일생을 바친 공적을 기려 1949년 차밭의 한 구역에 「아라이코 키치로기념비(新井耕吉郎記念碑)」를 건립하고, 직원들은 대만 홍차의 개조 및 묘란산(貓囒山)의 수호신으로서 정기적으로 참배한다고 한다.

2007년 가을 「다업개량장어지분장(茶業改良場魚池分場)」을 방문한 대만의 선사산업의 대기업 「기미실업(奇美實業)」 총수인 허문용(許文龍: 1928~현재)[31]씨가 아라이의 공적에 감명하여 4개의 흉상을 만들어 현지

---

31 대만의 실업가. 奇美実業의 창시자. 台南 출신. 台南州立高級工業学校 기계과 졸업. 1959년 奇美実業 설립. ABS수지생산에서 세계 제1의 기업으로 성장. 2004년 회장직 사임. 그는 이등휘(李登輝), 진수편(陳水扁) 등 거물 정치가들과도 교유가 있으며, 한 때는 그들과 같이 대만분리운동을 지지했다. 그러나 2005년 하나의 중국을 강조 台湾의 독립에 반대하는 의견을 발표한 적이 있다. 한편 일본에 대해서는, 「대만의 기초는 거의 일본통치시대에 완성됐다」 「그때는 치안이 좋았고, 위생상태도 좋아졌다」 「법률도 생겨나 세금도 清朝 통치시대에 비해 상당히 좋아졌다」고 하며, 일본에 의한 통치를 긍정적으로 평가하고 있으며, 또 만주국 통치에 대해서도 같은 평가를 하고 있다. 위안부의 강제연행을 부정하는 취지의 발언도 했다. 그로 인해 중국 등 반일세력으로부터 「일본의 식민통치를 미화한다」고 비판을 받고 있다. 그는 또 세계적으로 가치있는 미술품을 소장하는 奇美博物館의 오너이기도 하다. 또 2005년에는 태남시 수상구(水上区)에 있는 旧台南水道整備에 공헌을 한 대만총독부의 기사 하마노 야시로(浜野弥四郎: 1869~1932)의 흉상이 전쟁중에 철거된 것을 안타깝게 생각하여 다시 제작하여 기증하였다. 그리고 2017년 4월 중화통일촉진당(中華統一促進党)의 당원에 의해 烏山頭 댐에 있는 일본의 수리(水利) 기술자 핫타 요이치(八田與一: 1886~1942)의 동상이 목이 잘

그림 13 남투현(南投縣) 어지(魚池)에 세워진 아라이코키치로 기념비

의 자료관과 박물관 그리고 일본 유족들에게 기증했다.

(2) 와다나베 덴에몬(渡辺傳右衛門: 1879~?)

와다나베는 일본 시즈오카시(静岡市) 출신이다. 2살 때 요코하마(横浜)로 이사했고. 조부 덴에몬(傳右衛門)이 에도말기(江戸末期) 요코하마 개항과 동시에 차 수출업에 종사했다. 그리고 부친 와다나베 쇼지로(渡辺庄次郎)는 「스루가야(駿河屋)」라는 대차상(大茶商)을 운영했다. 그러므로 와다나베는 어릴 때부터 차에 관련된 지식과 경험을 하고 있었다.

그는 1899년 요코하마상업학교를 졸업하고, 1900년에 영국 런던으로 유학을 떠났다. 당시 그는 「요코하마 다업조합(横浜茶業組合)」의 특파원으로서 세계 차시장 상황을 파악했다. 그는 특히 녹차에도 조예가 깊었다. 유학 후 뉴욕에 이주하여 약 4년에 걸쳐 생활하면서 일본녹

리는 사건이 일어났을 때 그는 그 해 5월 8일에 핫타의 기일에 맞추어 동상을 복구하여 위령제를 개최했다. 이처럼 일본에 대한 좋은 감정을 가지고 있다.

차수출에 대해 조사 보고했다. 이 때 녹차보다도 홍차의 장래성을 알고 있었다.

1910년 런던에서 개최된 「영일박람회(英日博覽会)」에서 다방 운영을 담당하였는데, 그 때 후쿠오카(福岡)에서 생산된 홍차 소량을 소개 판매하였는데 호평을 얻었다. 1911년 홍차수출을 목표로 요코하마에 차무역회사를 설립했다. 그 때 주목한 것이 대만홍차이다. 그리하여 그는 「일본대만차주식회사」의 홍차 해외 판매를 담당하게 된 것이다. 당시 제다 담당의 최고 연장자의 기사는 가토쿠 켄조이었다.

1932년 그는 대만에 거점을 정하고 본격적 제다업에 돌입했다. 1936년 「산쇼 제다주식회사(三庄製茶株式会社)」를 설립하고 취체역(取締役)에 취임했다. 산쇼(三庄)의 주주로는 와다나베 이외에 다카하시 고레기요(高橋是清: 1854~1936)[32]의 장남 다카하시 고레가타(高橋是賢: 1877~1949)[33]의 「산쿄제다(三共製茶)」와 「엔스이코제당(塩水港製糖)」[34] 사장 마키 아키라(槙哲: 1866~1939)[35]의 「다이쇼제다(大正製茶)」가 있었다. 이를 보더라도 홍차산업에는 상당한 자본이 필요하여 일본 대기업들이 대만홍차에 투자하고 있었음을 알 수 있다.

1937년에는 차산업 시찰로 베를린과 파리 그리고 뉴욕 등을 6개월

---

32 일본의 정치가. 일본은행총재. 입헌정우회 제4대총재. 제20대 내각총리대신. 러일전쟁의 전비조달을 위해 외채모집을 성공시킨 근대 일본을 대표하는 재정가로서 높이 평가되고 있다. 그 때문에 총리대신보다도 大蔵大臣으로서 평가가 높다. 2.26사건 때 암살당함.

33 일본 제국의 사업가, 정치인, 화족이다. 귀족원 자작 의원을 역임하였다.

34 1903년 대만 塩水港庁下岸内庄(현재・台南市塩水区)에 현지자본에 의해 설립된 「염수항제당회사(塩水港製糖会社)」가 모체. 일본에서 3번째로 오랜 전통을 가진 제당회사이다.

35 일본의 실업가. 新潟県 출신 慶応義塾 졸업. 北越鉄道, 王子製紙를 거쳐, 대만의 「염수항제당」에 들어가 사장을 역임한다. 「花蓮港木材」의 사장도 역임했다.

에 걸쳐 다녀왔다. 그 해「대만차상조합(台湾茶商組合)」의 평의원에 이름이 올라 있는 것으로 보아 차업자로서도 인정을 받았던 것 같다. 1938년 와다나베농장(渡辺農場)의 자료를 보면 종업원이 약 1000명이 넘었다. 당시 어지에서는 대기업이었다. 그리고「대만차품평회(台湾茶品評会)」에도 태중(台中)의 기업으로는 유일하게 참가했다.

1940년 자료에 의하면 농장은 두 지역으로 나뉘어져 있었고, 합계 150헥타르이었다. 그러나 2차대전이 발발하여 소비량이 줄어 1945년의 자료에서는 와다나베농장은 30~40헥타르로 줄었으며, 그것도 거의 토란 밭(芋畑) 등의 식료생산으로 바뀌어져 있었다. 결국 제다는 결실을 맺지 못하고 종전을 맞이하였고, 1948년 그는 일본으로 귀국했다.

(3) 모치키 소조(持木壮造: 1873~?)

와다나베와 같은 시기에 어지에 차나무를 심고 홍차를 만드는 또 한 명의 일본인이 있었다. 그는 1873년 구마모토 출신 모치키 소조(持木壮造)이었다. 모치키는 대만이 일본 식민지가 되자 대만으로 건너가 총독부 병참부에서 근무했다. 그 후 태남(台南), 고웅(高雄) 등지를 전근하며 근무하다 태중(台中)에 거점을 둔다.

1925년 총독부 식산국이 앗쌈종을 도입하였을 때 와다나베와 함께 어지(魚池)의 녹숭(鹿嵩)에 차나무를 심고, 시험재배에 들어갔다. 원래 그 땅은 앞에서도 언급한 바있는 스즈키상점의 히라다카 토라타로가 별도의 용도로 총독부로부터 불하받은 것이었던 것을 1921년에 모치키가 인수한 것이었다. 그곳에 차나무와 삼나무를 심고, 삼나무의 조림은 순조로웠다 한다.

그림 14 모치키 소조(持木壯造: 1873~?)

1934년경 총독부는 어지에서 앗쌈종 홍차를 제조하는 일본인을 적극 지원. 모치키도 여기에 응하여 투자하여 1936年 「녹숭차창(鹿嵩茶廠)」을 설립. 1937년에는 합자회사로 전환. 어지의 사업은 장남 모치키 토오루(持木亨)가 주도하고, 차남 시게루(茂)는 타이베이에서 재무를 담당했다. 소조 자신은 타이베이의 「가와바타 고덴(川端御殿)」이라고도 불린 광대한 일본정원을 가진 저택에서 유유자적한 생활을 보냈다. 모치키흥업(持木興業)의 지분은 장남 토오루과 차남 시게루가 20%씩, 소조는 10%, 그 밖에 일족들이 가지고 있었다.

「모치키 홍차」의 고품질을 인정한 것은 「모리나가식품(森永食品)」이었다. 이 사업이 유망하다고 본 모리나가로부터 1936년경에 제휴 이야기가 있었고, 대부분의 찻잎을 모리나가에 제공하게 되었다. 일본 국내에서 판매된 모리나가홍차(森永紅茶) 그리고 카라멜의 원료에 사용되었다고 한다.

1940년 모치키농장(持木農場)의 넓이는 300헥타르를 넘어 나카무라농장(中村農場)에 이어서 어지에서 제2위의 지위를 점하였다. 그리고 나카무라농장이란 「다업조합중앙회의소(茶業組合中央会議所)」 회장을 역임한 일본 차업계의 거물 나카무라 엔이치로(中村圓一郎: 1867~1945)[36] 등이 투자자가 되어 만든 다원이었다. 나카무라 등은 오랜 세월 동안 시즈오카에서 홍차 제조에 관여하였는데, 국책사업으로 어지에서 홍차생산을 개시한 것이었다.

그러나 전쟁이 시작되면 홍차의 수출이 막혀 생산이 중단된다. 식량난으로 인해 차밭을 토란 또는 야채를 재배하는 것도 비일비재하여 다원은 황폐해졌다. 1945년에도 농원이 200헥타르이었다고 하나, 이것은 차가 아니라 식량생산을 하는 것으로 바꾸었다는 것을 나타내는 것이다.

1938년경 모치키농장에 입사한 유경방(劉慶芳: 24년생, 현재 埔里 거주)은 「처음에는 차를 만들고 있었는데, 모치키가 1년간 미야자키(宮崎)의 시험장에 연수를 보내주었다. 그곳에서 육종 등을 공부하고 돌아왔으나, 다업은 중단되어 있었다. 일이 없어서 고웅(高雄)의 해군에 가서 종전까지 군인으로서 근무했다」는 증언이 있다.[37] 이처럼 전쟁은 홍차산업에 제일 큰 장애가 되었다.

광복후 「대만성다업공사(台湾省茶業公司)」가 모치키농장을 접수한 후

---

[36] 일본의 정치가, 실업가, 은행가. 귀족원 고액납세자의원. 1900년 전국다업조합대표로서 파리만국박람회에 참가. 1907년 「日本共同製茶」를 창립. 그 밖에 静岡県再製茶業組合組合長, 大井川鉄道初代社長, 全国茶業組合中央会議所会頭, 静岡商工会議所特別議員, 三十五銀行頭取, 藤相鉄道, 中村製茶, 日本紅茶各社長, 自作農創設維持委員 등을 역임했다. 1918년 静岡県多額納税者로서 貴族院議員으로 선출. 1939년 9月28日까지 3期 재임했다.

[37] 須賀努(2020) 「魚池で紅茶作りに投資した最初の日本人 持木壮造と渡辺傳右衛門」 『交流』(557), 日本台湾交流協会, p.28.

그림 15 곽소삼(郭少三: 1908~?)

「대만농림어지분장지목차창(台湾農林魚池分場持木茶廠)」이 되었다. 이곳
에는 아라이 코키치로 등이 인애향(仁愛鄕)에서 발견하여 심은 야생차(山
茶)가 크게 번식하여 분장(分場)의 묘장(苗場)으로서 인정되었다 한다.

(4) 곽소삼(郭少三)의 동방홍차

1935년 당시 어지에서 홍차를 제조하고 있었던 유일한 대만자본의
회사는 「동방홍차(東邦紅茶)」이었다. 이 회사의 창립자는 곽소삼(郭少三)
이었다. 그의 조부 곽춘앙(郭春秧)은 복건성 출신으로 쟈바 등지에서
제당사업으로 성공을 거두어 「남양(南洋)의 4대 설탕왕」이라고 불렸
다. 홍콩의 북각(北角)에는 지금도 춘앙가(春秧街)라는 이름의 도로가
남아있을 정도로 유명했다 한다. 이러한 그가 대만에서도 사업을 벌여
「금무다행(錦茂茶行)」을 차렸고, 대만상공회의 설립에도 기여하고 회
장을 역임하는 등 차산업의 발전에도 노력을 기울였다.

그의 손자 소삼은 11세 때 다행(茶行)의 지배인을 하고 있던 아버지

그림 16 1950년대의 동방홍차공장

를 잃고, 13세 때 숙부 곽방광(郭邦光)을 따라 일본으로 건너갔다. 교토3고 (京都三高)를 졸업하고 동경제국대학(東京帝国大学) 농예화학과(農芸化学 科)에 진학하여 공부한 후 1932년에 대만으로 귀국했다. 그리고 대북 제국대학(台北帝国大学)에서 야마모토 료(山本亮)교수의 지도를 받아 차 나무의 육종과 개량에 대해서 공부했다. 그리고 당시 총독부의 다업 (茶業) 장려책에 힘입어 다업(홍차)을 하기로 결심하고, 그가 태국에서 발견한 샨종(SHAN種=앗쌈種)을 심을 홍차생산의 최적지를 찾아서 포리 에 도달한다. 포리 교외에 토지를 확보하고 샨종을 심었다. 그리고 포 리에 차 제조 공장을 세운 것은 1939년이었다. 이때부터 본격적인 차 생산에 들어갔다.

1940년대 당시 대만에서 홍차제조는 커다란 비즈니스 찬스이었다. 그러나 태평양전쟁이 발발하자 주요수출국이었던 유럽과 미국에 길 이 막혀 갑자기 대만의 홍차생산은 정체되어 버리고 만다. 그러다가 전쟁이 끝나고 1950~60년대에는 최전성기를 맞이하나, 그 후 서서히 국제 경쟁력을 잃고 다업계에서 서서히 모습을 감추기 시작했다. 곽소삼도 통풍에 시달렸던 1980년 이후에는 차의 제조도 축소시키고, 스리랑카 등지에서 수입된 홍차를 판매하거나 저가의 차음료를 제조했다. 대만에서 최초로 차음료를 발매한 것도 그의 회사 「동방」이었다. 이 차음료는 당시 매출이 좋았고, 포리 부근 사람들은 모두 「동방홍차(東邦紅茶)」의 음료를 마셨다고 한다.[38]

곽소삼이 세상을 떠난 1년 후, 지진으로 공장도 무너지고 생산도 완전히 중지되었다. 그러다가 2011년에 손자 한원(瀚元)씨가 일월담에서 유람선 사업을 접고 차공장을 이어받아 조부가 발견하여 키운 샨종을 사용하여 전통적인 「동방홍차」의 재생을 꾀하고 있다.[39] 샨종으로 만든 홍차는 떫은 맛도 없어 마시기 좋은 것이 특징이다.

설립자 곽소삼이 대민으로 가저가 재배한 원생종(原生種)은 오늘날에도 「동방홍차원(東邦紅茶園)」의 주요 품종이다. 그리고 동방홍차는 고목에서 태어난 차라는 의미로 「노차수(老茶樹)」라는 브랜드로 판매하고 있다.

6. 새롭게 태어난 대만의 홍차

현재 대만 당국에 의해 끊임없이 새로운 품종을 개발하여 다양화된

---

38 須賀努(2017)「埔里の紅茶工場」『交流』(941), 日本台湾交流協会, p.10.
39 須賀努(2017)「埔里の紅茶工場」『交流』(941), 日本台湾交流協会, p.10.

고급의 홍차를 생산하고 있다. 주로 홍차는 남투의 일월담과 화련(花蓮)의 서수(瑞穗)에서 생산되고 있다. 그 상황을 간략히 살펴보기로 하자.

(1) 일월담의 홍차

어지에서 생산된 홍차를 말한다. 일월담의 다원은 보통 해발 높이 421~1000미터의 구릉지에 위치하며, 배수 상태가 양호하고, 토질이 홍토로 약산성이어서 홍차의 재배에 최적지이다. 어지(魚池)의 신성촌(新城村)에는 「화과삼림(和菓森林)」이라는 제다 회사가 있다. 이 회사의 설립자는 석조행(石朝幸)으로 그는 1949년 「다업전습소(茶業傳習所)」에 들어가 제다를 배운 다음 일본의 「모치키홍차공장(持木紅茶廠)」으로 들어가 공장주임을 역임하는 등 정년퇴직 때까지 일했다. 또 어지의 녹숭촌(鹿篙村)에서 3대 째 제다를 하고 있는 증준남(曾俊男)씨의 조부도 「모치키 홍차공장」에서 근무했다고 한다.

이처럼 광복 후 대만의 홍차에는 일본의 기술이 계승되어 해외 수출을 목적으로 개발되기 시작했다. 그리하여 1960년대경까지 활발히 생산을 하였으나, 인도, 스리랑카 등지에서 저가의 찻잎이 출시됨에 따라 경쟁력을 잃고 쇠퇴의 길을 갔다. 더구나 1999년의 대지진으로 농가들은 큰 피해를 입었다.

이 문제를 타개하기 위해 「대만다업개량장어지분장(台湾茶業改良場魚池分場)」은 미얀마의 대엽종 홍차를 모목(母木)으로 하고, 대만 야생 산차를 부목(父木)으로 하여 만든 신품종을 개발했다. 이것이 대만에만 있는 「台茶18号」[40]이다. 또 탕색이 밝은 적색이며, 루비와 같은 투

---

40 「台茶18号」(紅玉)은 日月潭을 중심으로 생산되는 홍차의 일종이다. 일명 「大葉

명함이 있어 홍옥(紅玉)이라는 이름이 붙여졌다. 그리고 이를 농가에 보급하며 권장했다.

이에 차농들은 「台茶18号」를 이용하여 고급홍차를 만들어 「수사련홍차(水沙連紅茶)」라는 이름을 붙여 다른 것들과 차별화를 했다. 그리고 해외수출이 아닌 국내 소비용으로 전환하였고, 생산량도 감소하여 희소성 있는 고급차로서 자리매김을 했다. 이처럼 오늘날 일월담홍차는 전략적으로 성장시킨 명차이다. 일월담홍차는 세계3대 홍차의 하나인 중국 안휘성의 기문홍차(祁門紅茶)에 가까운 깊은 맛이 난다.

현재 일월담홍차에서 세부적으로 살펴보면 앗쌈홍차, 에메랄드 홍차, 루비홍차, 영락홍차(瓔珞紅茶), 홍옥홍차(紅玉紅茶), 홍운홍차(紅韻紅茶)라는 6가지 종류가 있다.

1) 아살모홍차(阿薩姆紅茶)

이 차는 앗쌈홍차를 말한다. 여기서 「아살모」란 인도 「앗쌈」을 한자로 표기한 것으로, 그 이름 그대로 이것은 인도 앗쌈지방에서 도입한 대엽종의 품종이다. 그러므로 이 품종의 홍차는 향기와 맛이 인도 앗쌈 홍차와 닮아있는 것이 특징이다. 그리고 이 차는 비교적 대만전역에서 재배되고 생산되는 차이기도 하며, 홍차전용품종(紅茶專用品種)

種茶樹品種」 또는 「森林紅茶」라고 불리는 이 품종은 1930년대 일본인 아라이 코키치로가 대만에 도입한 앗쌈종과 대만 국내에서 자생하고 있는 차나무와 교접하여 오랜 세월을 걸쳐 품질개량이 이루어진 품종이다. 높은 제다기술이 요구되는 이 품종은 부가가치가 높고, 품질이 좋은 것은 「薰香과 박하뇌와 같은 상큼함을 맛이 난다」 또는 「브랜디와 같은 방향이 난다」고 표현되기도 한다. 또 이 품종은 「台茶7号, 8号」보다도 가격이 높고, 일반적인 홍차에서 볼 수 없는 특징으로서 주로 유럽권에서 인기가 높다. 그리고 7号8号에 비해 섬세한 맛과 향을 즐길 수 있기 때문에 스트레이트 혹은 아이스 티로 할 것을 권유받기도 한다.

중의 하나이다. 또한 이 품종은 다양한 차나무와의 교배를 통해 새로운 품종을 만들어내고 있다. 「台茶 7号」 「台茶 8号」도 아살모홍차를 품질 개량하여 생긴 별종이다. 이 차의 탕색은 적갈색이며 맛이 풍부하고 고소하다.

2) 노총홍차(老欉紅茶)

일본통치시대에 「모치키 다원」에서 남겨진 대엽 품종이며 이것으로 제조된 찻잎 줄거리에 현저한 하얀색 줄이 있다. 처음에 천연의 꽃향이 나다가 중간에 과일향으로 바꾸어지며, 마지막에 카라멜 향이 나며 맛이 부드럽고 달달한 느낌을 주어 일명 「에메랄드 홍차」라는 별명을 가지고 있다. 탕색은 붉은 색이다.

3) 루비 홍차

타이완 원생의 품종인 「대만의 야생산차」로 제조된 프리미엄 홍차로 차탕 맛이 달달하며 우아하고 상큼한 향기 속에서 과일과 꿀향이 난다.

4) 영락 홍차

인도 Jaipuri를 단주선발(單株選拔)을 하여 1973년에 「대차8호」란 이름을 짓게 되었다. 차탕은 밝은 적갈색이며 처음에 은은하고 우아한 난초 향기가 나다가 나중에 카라멜 맥아 향기가 나서 맛이 달달하고 강하다.

5) 홍옥홍차

현재 가장 인기 있는 품종의 홍차이다. 이것은 대만에 자생하는 야생 산차(山茶)와 미얀마 대엽종 홍차를 교배시켜 탄생시킨 것이다. 탕색은 밝은 호박색(琥珀色)이며, 천연적인 계피와 박하 향기를 지니고 있다. 이를 홍차의 제다사들은 「대만의 향기」라고도 부른다.

6) 홍운(紅韻)홍차

홍운(紅韻)은 기문과 Kyang을 교배시켜 탄생된 품종으로 탕색이 밝은 골든레드 빛이 나며 맛이 시원하고 달달하다. 찻잎의 향기가 아주 강하며 유자꽃과 감귤꽃 향기 등 풍부한 향기를 지닌 새로운 홍차 품종이다.

(2) 화련(花蓮)의 홍차

1) 학강홍차(鶴岡紅茶)

이 차는 대만의 동부지역 화련현(花蓮県) 서수향(瑞穂郷)의 학강(鶴岡)에서 생산되는 홍차를 말한다. 과거 이곳은 「오아립(烏鴉立)」이라 하였으며, 원주민의 말로 「오아립(Oarip)」이라는 콩이 많기 때문에 생겨난 이름이다. 그러나 중국 한족이 그것을 「오아립」으로 한자로 표기했고, 일본통치시대인 1937년에 학강으로 개명했다. 수수향은 아미족(阿美族)의 최초의 정착지이다.

그러나 이곳의 차 역사는 얼마 되지 않는다. 제2차세계대전이 끝났을 때 풍원(豊原)의 두설경(杜雪卿)이라는 자가 대엽종에 의한 홍차제조를 목적으로 어지(魚池)에서 차나무를 가지고 온 것에 시작된다.

그러나 설비, 기술, 노동력의 부족 등으로 실패로 끝이 난다. 1958년 국유재산국은 학강지구의 국유지 700헥타르를 토지은행(土地銀行)에 위탁했고, 토지은행은 그곳에 1959년부터 어지에서 앗쌈종 등을 도입하여 차밭을 조성했고, 1961년에는「학강시범다장(鶴岡示範茶場)」을 설립했다. 그리고 1964년에「학강홍차(鶴岡紅茶)」를 생산하여 발매했으며, 70년대에는 세계 수출을 겨냥하기도 했다. 지금은 과거사가 되었으나, 1970년대 전성기에는 번성하여 아이들이 방과 후에 차 따러 가는 일이 흔했다고 한다. 1973년경 포종차와 오룡차 시장에 진출하기 위해 다원이 확대되고, 차기업도 인근 무학(舞鶴)으로 옮겨갔다. 그러나 대만경제가 발전하고, 홍차의 수출경쟁력이 없어져 1988년에「학강시범다장」은 폐쇄되고, 차밭은 다른 작물로 바뀌어, 사람들의 기억 속에서 차는 사라져갔다.

대만에서 판매되고 있는 찻잎을 넣어 삶은「차엽단(茶葉蛋)」이라는 삶은 계란이 있다. 일반적으로 홍차의 찻잎을 사용하는데, 학강홍차가 가장 많이 이용되었다. 향기가 너무 강하지도 않고, 팔각(八角)과도 궁합이 맞아 부드러운 맛과 팔각의 은은한 향기가 나는 홍차의 삶은 계란이 되었다. 또 기차에서 판매하는 홍차에도 학강산(鶴岡産)이 사용되었다.

2) 밀향홍차(蜜香紅茶)와 천학홍차(天鶴紅茶)

한편 서수향에는 무학(舞鶴)이라는 또 하나의 차생산지가 있다. 이곳의 차는 1970년대 초부터 녹차가 부족한 일본의 수요에 따라 대만정부가 지역민들에게 다업(茶業)을 장려했다. 그리하여 도원(桃園)의 용담(龍潭)에서 당시 40세였던 엽발선(葉發善)씨(2019년 86세)가 차밭조성을 위해 이곳에 와서 「부원다업(富源茶業)」을 열었다. 엽씨는 용담에서 조부 때부터 다업을 하고 있었으며, 북미수출용으로 녹차와 홍차 등을 제조한 경험이 풍부한 사람이었다. 그와 함께 이곳에 온 농림청 직원 장단정(張瑞正)씨가 있었다. 두 사람은 농림청으로부터 무상으로 제공된 묘목으로 차밭을 조성했다.[41]

그리고 1976년경부터 청심오롱과 대엽오롱(大葉烏龍) 등의 품종을 사용한 오롱차를 만들기 시작했고, 또 금훤(金萱) 등 신품종을 사용한 반구형포종(半球形包種)도 만들어 보았다. 그리고 차도 「천학차(天鶴茶)」라는 이름으로 판매했다. 그 이름은 대만농업의 발전에 크게 기여한 전천학(錢天鶴)씨의 이름에서 딴 것이라 한다. 1980년대에 들어서면 대만차의 수출은 급격히 감소되고, 또 수입된 차엽이 증가함에 따라 채산성이 맞지 않아 차산업은 점점 쇠퇴해졌다. 이를 타개하기 위해 1990년대 후반 새롭게 개발한 것이 「밀향홍차(蜜香紅茶)」이다.[42] 2006년경부터 세인들의 관심을 모으면서 인기가 서서히 높아져 최근에는 생산도 증가되는 추세이다. 근래에는 신북시(新北市)의 평림(坪林)에서도 생산되고 있다.

이 홍차는 동방미인을 의식하여 벌레 「부진자」의 작용을 이용하여 찻잎을 발효시키는 방법으로 처음에는 밀향녹차를 만들었다가 나중에 밀향홍차를 만들었다. 현재 이 차는 매력적인 완전발효차로서 향기

---

41 須賀努(2019) 「東台湾 その茶と歴史とは」 『交流』(941), 日本台湾交流協会, pp. 28-29.

42 須賀努(2019), 「東台湾 その茶と歴史とは」 『交流』(941), 日本台湾交流協会, pp. 29-30.

로운 맛으로 유명하다. 밀향홍차에 사용되는 품종은「앗쌈종」,「台茶 8号」,「台茶 18号」등 다원에 따라 다양하다. 그러므로 같은 이름의 「밀향홍차」이라고 해도 찻잎도 다원에 따라 맛도 크게 차이난다.

또 무학의 송원(村原)에서 생산되는 홍차를「무학홍차(舞鶴紅茶)」혹 은「서수홍차(瑞穗紅茶)」라고도 한다. 특히 대엽오룡종(大葉烏龍種)의 「천학밀향홍차(天鶴蜜香紅茶)」는 Golden Tips를 풍부하게 함유하고 있 고, 향기가 풍부하여 고품질의 것으로 평가되고 있다.

(3) 고웅(高雄)

1) 나마하(那瑪夏)의 팔공부홍차(八功夫紅茶)

고웅시(高雄市)는 대만의 서남부에 위치한 대만에서는 세 번째로 큰 도시이다. 그곳에서 북동부 쪽에 나마하(那瑪夏)라는 곳이 있는데, 그 것에서「팔공부홍차(八功夫紅茶)」라는 홍차를 생산하고 있다.「나마하」 는 원주민어를 한자로 표기한 지명이다. 이곳은 지리적으로 차생산지 아리산(阿里山)과 가깝고 환경와 기후도 차재배지로 적합하여 근래에 차밭이 조성되고 홍차를 생산하는 곳이다. 이곳에 생산된「팔공부홍 차」는 주로 옥타산(玉打山)에서 재배된 청심오룡종을 사용하여 만드는 점이 특징이다.

7. 대만홍차의 미래

이상에서 살펴보았듯이 대만의 홍차가 우리나라에 들어오기 시작

167

한 것은 1920, 30년대부터이다. 그것이 유통되어 우리나라에 가정 및 다방에서 이용되었으나, 스리랑카에서 생산된 영국회사의 립톤 홍차에 비해 항상 밀리는 낮은 품질과 저가의 차로서 인식되고 있었다. 이것으로 보아 당시 한국에 수입된 대만 홍차는 고품질의 것이 아니었음을 알 수 있다.

대만 홍차가 다른 차에 비해 오래된 역사를 지니는 것이 아니었다. 그것은 일본의 식민통치시기에 일본의 기술과 투자에 의해 개발된 것이므로 근대에 비롯된 것이었다. 여기에는 총독부의 당국의 노력으로 농학자들의 연구가 있었고, 중국에서 익힌 일본인 기술자들이 있었으며, 그것의 장래를 보고 투자하는 사업가들의 노력이 있었다. 그러나 이들의 노력은 태평양전쟁으로 모든 것들이 물거품으로 돌아가고 말았다. 그들의 조국인 일본이 연합국에 의해 패망함으로써 대만에서 철수했다.

그러나 그들은 완전히 사라진 것은 아니었다. 대만에서 시작된 「미쓰이 합명회사(三井合名会社=日東紅茶)」는 일본으로 돌아가 홍차사업을 계속하여 현재 일본을 대표하는 홍차기업으로 발전해 있다. 한편 일본인들이 남기고 간 연구 기술도 대만인들에게 전수되었다. 「미쓰이 합명회사」를 인수한 「대만농림공사(台湾農林公司)」는 1959년에 남투의 어지에 공장을 세우고 홍차를 생산해 해외로 수출했다. 현재 「일월노차창(日月老茶廠)」이 바로 그것이다.

대만의 홍차는 「떫은 느낌을 억제하고 부드러운 맛」으로 60년대까지 전성기를 맞이하였으나, 「다업개량장어지분장(茶業改良場魚池分場)」에서는 1973년 홍차의 신종 「台茶 7号」와 「台茶 8号」의 개발에 성공한다. 이것은 앗쌈종과 아주 유사하며, 밀크 티에 적합하다는 평가와 함께 해외수출에도 성황을 누린다. 당시 수출량은 연간 2~3만톤, 정점을 이룰 때는 4만톤에 이르렀다. 그 중 어지에서 생산된 홍차는 5,800톤을 차지했다. 그러나 스리랑카와 인도의 홍차와의 가격경쟁을 하기 위해 저가의 저품질의 상품을 대량 생산하여 유통시킴으로써 평판이 나빠져 소비량이 대폭 감소했고, 80년대에는 세계의 홍차시장에서 자취를 감추었다.

그럼에도 대만은 홍차산업을 포기하지 않았다. 재배지를 표고 600~800미터의 경사지로 바꾸었다. 그 결과 고산지대에만 가질 수 있는 독특한 향을 탄생시킬 수가 있었다. 그리고는 새로운 품종 금훤, 취옥의 육성재배도 시작했고, 「台茶18号」, 「台茶21号」(紅韻), 「台茶22号」에 이어서 2019년에는 대만홍차의 유일한 「소엽종」인 「台茶23号」(祁韻)를 개발했다. 그리고 유기농 재배를 장려하고 있다. 그 중 「台茶18号」는 계피 혹은 박하향기가, 「台茶22号」 꽃향이, 「台茶23号」는 레몬 또는 유자와 같은 상큼한 향이 난다는 평을 듣고 있다. 특히 「台茶18号」는 구미인들이, 「台茶23号」은 젊은층들에게 인기가 있다고 한다.

이처럼 외국인의 입맛과 세대에 따른 차별화된 상품을 개발하고 있다. 그 뿐만 아니라 품질향상과 제한된 생산량으로 상품의 희소성 전략으로 국내외 수요를 증폭시켰다. 그 결과 각종 다양한 이름과 특성을 지닌 상품이 개발되어 다시 홍차산업이 일어서고 있다. 이처럼 1세기 남짓한 역사를 가진 대만홍차가 오늘날에도 끊임없이 발전과 변화를 거듭하고 있는 것이다.

제5장

대만차 산업을 이끈 대도정의 차상들

1. 해외로 수출된 대만 포종차

지난 2023년 1월 오랜만에 대만을 다녀왔다. 그 때 신죽에 사는 친구가 도원에 있는 대만 객가 차문화회관으로 안내했다. 그 때 그곳에서 인상이 깊었던 것은 「茶金(Gold Leaf)」이라는 대만 차 산업 역사를 소재로 한 드라마에 관한 사진과 그것과 관련된 차 유물의 전시이었다.

그 드라마를 보지 않아 내용은 자세히 알 수 없었으나, 전시된 물건과 설명문을 통해 얻은 기초적인 지식은 1949년 대만 최대의 차 수출상인의 외동딸인 장리심(張蕙心)이 남성중심의 차세계에서 보여주는 활약상을 그린 작품으로 당시 대만의 차산업을 잘 반영하고 있는 것으로 느껴졌다.

그런데 그 내용도 궁금했지만, 무엇보다 찻잎을 「차금(茶金: Gold Leaf)」이라고 표현했다는 점에 흥미를 가지지 않을 수 없었다. 즉, 이것은 당시 대만에서 차는 재화를 창출하는 주요 수출품이었다는 것을 단적으로 보여주는 것이기 때문이다.

사실 대만차의 해외수출은 17세기 네덜란드 동인도회사 시절까지 거슬러 올라갈 수 있다. 1858년 톈진조약(天津條約)으로 인해 남에는 대남(台南)의 안평항(安平港)을, 북에는 기륭항(基隆港)을 외국에 개항하자, 차는 설탕, 장뇌와 함께 3대 대표 농산물로 해외로 수출되었다.

19세기말 세계의 차시장에서 최대의 소비국은 영국, 미국, 러시아이었다. 이들 국가는 차를 중국 수입에 의존하고 있었다. 그런데 20세기에 접어들면 판도가 바뀌게 된다. 영국의 대중국무역적자를 해소하기 위한 정책으로 인도, 스리랑카에서 홍차생산을 장려하였기 때문이다. 이것들이 영국 국내에서는 중국차를 대신하였고, 미국으로도 대량 수출이 가능해졌다. 그 뿐만 아니라 인도네시아 쟈바도 홍차생산을 개시하였기 때문에 차시장에서 각국들은 치열한 경쟁을 벌이고 있었다.

이러한 가운데 대만차가 세계의 차시장에 등장했다. 대만차의 수출에는 크게 나누어 두 개의 갈래가 있다. 하나는 상중의 고품질의 오룡차는 구미로 수출되었고, 중저가의 포종차는 주로 동남아시아로 수출되었다. 그 가운데 전자는 대부분이 영국 또는 미국의 차무역상들이 장악하고 있었다. 그 반면 후자는 중국 화교 또는 대만의 차상들에 의해 장악되어 있었다. 이들은 동남아시아의 화교사회와의 인적 물적 교류망을 가지고 있었고, 1910년대 왕수금과 위정시에 의해 새롭게 개발된 제다기술을 가지고 있었다.

그 뿐만 아니라 당시 사입계(茶業界) 급융의 중심지가 복건의 하문(厦門)이었는데, 이것이 타이베이의 대도정(大稻埕)으로 옮겨왔다. 더구나 타이베이에서 동남아시아로 가는 직항로가 생겨 그들의 차가 대륙인 하문을 거치지 않고 직접 수송할 수 있게 된 것이다. 그리고 동남아시아 여러 곳에서 중국 화교들이 널리 퍼져 있었다. 이같은 조건을 갖춘 타이베이의 대도정에 모여든 대만의 차상들은 구미의 차시장에서는 저품질이라 하여 주목받지 못한 포종차를 고급의 기술로 가공하여 동남아 각국의 화교를 통해 수출을 하여 막대한 부를 축적했다.

이러한 점에서 그들에게 찻잎은 그야말로 「茶金(Gold Leaf)」이었다. 이것이 가장 번창했던 시기를 「황금시대」라고도 표현할 수 있을 것이다. 이 책에서는 19세기말에서 20세기초에 「茶金(Gold Leaf)」에

집착하여 황금을 모았던 차상들을 중심으로 대만의 차문화를 살펴
보고자 한다.

2. 대도정에 모여든 차상들

(1) 지리적 환경

대도정(大稻埕)은 대만차의 발전에서 매우 중요한 곳이다. 그러므로
먼저 논지를 전개하기 전에 그에 대한 지리와 역사에 대해 간략히 살펴
보기로 하자. 1871년 진배계(陳培桂)가 편찬한『담수청지(淡水廳誌)』에
의하면 대도정은 원래 개달격란족(凱達格蘭族: Ketagalan)의 기무족사(奇
武族社)의 거류지이었다. 기무족사를「奎武族社」,「奎府聚社」,「圭母
卒社」,「哥武卒莊」라고도 표기한다.『대만부지(台湾府志)』에 의하면 건
륭(乾隆) 초기 이곳은「가무졸장(哥武卒莊)」이라고 불리던 곳인데, 강희
말년, 이주해온 한족들이 논으로 개척하고, 논 가운데 높은 곳에 벼나
곡물을 말리는 공동의 마당을 만들었다. 여기서「정(埕)」이라는 말이
생겼고 이때「정」이란 마당이라는 뜻이다. 이러한 것에서 대도정이라
는 이름이 생겼다.

대도정의 위치는 현재 타이베이시(台北市) 민권서로(民権西路)에서는
남쪽이고, 충효서로(忠孝西路)에서는 북쪽이며, 중경북로(重慶北路)에
서는 서쪽이고, 담수하(淡水河)에서는 동쪽에 위치해 있다. 그 범위는
타이베이시의 건성구(建成区)와 연평구(延平区), 대동구(大同区) 서남부,
그리고 성중구(城中区) 북문리(北門里)가 포함되어있다.

대만에는 「1부, 2논, 3맹갑(一府, 二鹿, 三艋舺)」이라는 말이 있다. 이것은 대만 초기 개발의 순서를 나타내는 말로 즉, 제일 먼저 태남부(台南府＝台南市)이고, 그 다음이 녹항(鹿港＝彰化県内)이며, 그 다음이 타이베이시 용산구(台北市龍山区)의 맹갑(艋舺: 일제시대에는 「萬華」라 했다)이라는 것이다. 그 중 맹갑은 담수하(淡水河), 대한계(大漢渓), 신점계(新店渓)가 합해지는 지점에 있으며, 그 어원은 개달격란족(凱達格蘭族)의 「moungar(丸木舟)」에서 유래한다.

명말청초(明末清初) 한족들이 타이베이 분지에 이주한 후 담수하의 상류에 사는 대한계와 신점계 유역에 거주하는 원주민들이 「moungar」로 물산을 운반하여 한인들과 교역을 했다. 그 때 한인들은 「moungar」를 「맹갑」으로 음역을 하였고, 이를 선착장의 지명으로 삼은 것이다. 그 후 맹갑은 수운의 부두로 번창했고, 타이베이 분지 개발 초기의 물산 집산지가 되었다. 그러나 함풍(咸豊) 초기 맹갑은 담수하 상류에서 유출되는 토사에 의해 강바닥이 얕아져, 강 하류에 위치한 연안의 대도정이 맹갑으로 사용되어지게 됨에 따라 자연스럽게 수운(水運)의 부두가 되었다.

전하는 바에 의하면 1851년(咸豊 1) 복건성(福建省) 천주부(泉州府) 동안(同安)에서 이민 온 임람전(林藍田)이 해적의 약탈을 피하기 위해 기륭(基隆)에서 대도정으로 이주하였고, 현재 적화가(迪化街)에서 「임익순(林益順)」이라는 점포를 개설했다. 이어서 1853년 임우조(林右藻)가 상인들을 모아서 대도정에서 상점가를 만들었고, 각 대상(大商)들과 협의하여 「하교(厦郊)」(厦門와의 무역에 종사하는 상회)를 조직하여 「금동순(金同順)」이라 칭하고, 임우조를 「교장(郊長)」으로 추대했다.

그림 1 대도정의 하해성황묘

　같은 해 맹갑에서 천주(泉州) 3읍(晋江, 南安, 惠安)인과 장주인(漳州人) 및 천주 동안인들이 집단적으로 영역싸움이 일어났다. 이를 속칭「분류계투(分類械鬪)」이라 한다. 이 말은 다른 출신지의 이민자들이 무기를 가지고 집단으로 싸우는 것을 뜻한다. 이「계투(械鬪)」의 결과 장주인과 천주 동안인은 맹갑에서 쫓겨나 대도정으로 이주했다. 1856년과 1859년에 타이베이 근교 신장(新莊) 일대의 천주인과 장주인이 또 다시「계투」가 일어나 여기서 패배한 장주인들도 대도정으로 이주했다. 이렇게 생겨난 피난민은 담수하 연안에 가게를 열었고, 그 결과 대도정은 인구가 급증했다. 그리고 경제적으로 번영을 누렸다. 그리하여 맹갑을 능가하여 타이베이의 상업 중심지가 되었다.
　타이베이의 많은 마을은 도교사원「묘(廟)」의 건설이 매우 중요한 의미를 가진다. 「묘」가 생기면 사람들이 모여 마을이 생겼고, 거리가 형성되었다. 예를 들면 용산구(龍山区) 만화(萬華)는 용산사(龍山寺: 乾隆3년, 1738년 건설, 二級古跡)와 청수암(清水巖: 별명: 祖師廟, 1787년 건설, 三級古跡)을 중심으로, 대동구(大同区) 대용동(大龍峒)은 보안궁(保安宮: 1805년건설, 二級古跡)을 중심으로 발전한 지역이다. 용산사, 청수암 그리고 보안궁은 타이베이 삼대묘(三大廟)라 일컬어지고 있다.

이러한 점에서 대도정에 있는 하해성황묘(霞海城隍廟)도 지역 형성과 함께 건설된 도교사원이다. 이 사원은 1856년에 착공하여 1859년에 완성되었다. 그 역사는 약 150년 정도이지만, 대만에서는 3급의 고적으로서 인정받고 있다. 요산사, 청수암, 보안궁과 하해성황묘는 모두 도교사원이다.

(2) 차무역지로서 대도정

이러한 대도정이 역사적으로 크게 변화되는 사건이 1856년에 일어난다. 이것이 다름 아닌 「에로우 사건」이다. 1856년(咸豊6) 광동항(広東港)에서 홍콩에 등록하고 영국 국기를 내 건 「에로우 号」를 청나라 관헌이 임검하고, 중국인 선원 12명을 해적의 용의로 체포하는 동시에 영국 국기가 바다에 던져지는 사건이 일어났다. 그리고 같은 해 프랑스 신부 샤프드레누가 광서(広西)에서 포교 중에 살해당했다. 이 두 개의 사건으로 말미암아 영국과 프랑스가 연합 출병하여 광동을 함락시킨 다음, 북상하여 텐진을 침공했다.

이러한 사정에 이르자 영국과 프랑스는 청나라에 강화를 요구하여 1858년 「텐진조약(天津条約)」을 맺었다. 그러나 그 이듬해 조약비준을

교환하기 위해 영국과 프랑스의 사절이 백하(白河)에서 북경으로 들어
가는 것이 저지당하였다. 그러자 양국은 다시 출병하여 북경을 점령하
고, 1860년에 톈진조약의 추가조약이라 할 수 있는 「북경조약(北京条約)」
을 체결했다. 이른 바 이것이 「제2차 아편전쟁」이라고 하는 「에로우号
전쟁」이다.

「톈진조약」과 「북경조약」에 의해 청나라는 통상의 자유, 공사의 북
경주재, 외국인의 중국내의 여행자유, 기독교포교의 자유가 보장되었
고, 톈진(天津), 한구(漢口), 강녕(江寧: 南京), 조주(潮州: 汕頭), 담수(淡水: 台
北), 안평(安平: 台南) 등 11개 항을 개항지로 인정했다.

이 사건으로 인해 대도정은 비약적으로 발전하게 된다. 담수가 개
항된 후 대만 북부의 물산은 담수하를 통해 직접 해외로 수출할 수 있
게 되었다. 이 때 맹갑 주변의 강 바닥이 너무 얕아 내외의 상선들이
거의 대도정에서 화물을 싣고 내렸다. 그 때문에 대도정은 대만 북부
의 물산 집산지와 상업 무역의 중심지가 되었다.

이를 계기로 1860년(咸豊10) 맹갑의 천주(泉州)와의 무역에 종사하는
상회인 「천교금보순(泉郊金晋順)」과 중국의 상해(上海), 영파(寧波), 톈진
(天津), 연태(煙台), 우장(牛莊) 등과 무역에 종사하는 상회인 「북교금만
리(北郊金萬利)」가 대도정의 「하교금동순(厦郊金同順)」과 협의하여 대도
정에 「삼교회관(三郊会館)」을 설립하고, 그 명칭을 「금천순(金泉順)」으
로 고치고 임우조를 삼교총장(三郊総長)으로 추대했다.[1] 이것이 타이
베이시상회(台北市商会)의 출발이다.

19세기 동치연간(同治年間: 1862~1874) 대만 북부에서 다업(茶業)이 일

---

1   伊能嘉矩 『台湾文化誌』(下巻)

어났다. 그에 따라 대도정에 많은 다관(茶館)과 다행(茶行: 茶店)이 설립되어 커다란 차시장이 형성되었다. 1865년에 영국인의 존 닷드와 통역의 이춘생(李春生)이 천주(泉州) 안계(安溪)의 오룡차 묘목을 도입했고, 대도정에 양행(貿易会社)을 설립하여 대만차(Formosa Tea)를 뉴욕에 수출했다. 대만다업이 세계의 무대에 데뷔한 것은 이것이 처음이다.

훗날 존 닷드로부터 대만의 다업을 인수받은 이춘생은 사업에 성공하여 지역에 지대한 공헌을 한다. 그 중에서도 유명한 것은 철도건설을 위해 막대한 기부금을 내어 적극 협력했다는 것이다. 그 후 5대 양행이라 불리는 덕기(德記), 이화(怡和), 미시(美時), 의화(義和), 신화리(新華利)가 대도정에 회사를 설립함에 따라 대도정은 더욱더 번창을 누리게 된다. 그에 따라 미대사관, 독일대사관등 외교공관들도 생겨났다. 또 대만 오룡차의 수출이 국제적으로 명성이 나기 시작하자, 복건(福建)과 하문(廈門)의 차농가들은 큰 타격을 입고, 그들 중 다수가 대만행을 택해 대만다업의 발전에 공헌을 했다.

대만차의 유통은 차농가→각인(脚人: 운송업자)→차판(茶販: 차농가에서 찻잎을 사서 차관에 파는 중매상) →차관(茶館: 찻잎을 브랜딩하여 품질관리)→마진관(媽振館: 찻잎의 선전판매, 茶館에 자금대여)이라는 흐름으로 되어있었다. 참고로 이같은 유통과정의 산물의 하나라 할 수 있는 「대만차로(台湾茶路)」는 찻잎의 선적(船積)을 위해 대북현(台北県) 심갱(深坑)에서 산을 넘어 맹갑까지 운반하던 각인들이 걸었던 길이다. 현재 육장리(六張犁)의 석천암(石泉巖: 廟)에 기념비가 세워져 있다.

영국에 수출한 많은 대만차도 서서히 명성이 높아졌고, 영국의 여왕으로부터 칭찬을 얻어 「동방미인차」라는 명칭이 생겨났다는 이야기도 있다. 동방미인차는 당시 번장오룡차(番庄烏龍茶)라고 불렸다. 그 명 칭은 주로 오룡차를 취급하던 차관을 번장다관(蕃(番)荘茶館)이라고 하 였던 것에서 유래한다. 참고로 포종차를 취급하는 차관은 포가(舖家), 오룡차와 함께 두 종류를 모두 취급하는 곳은 오룡포차관(烏龍包茶館) 이라 불렸다.

1885년 초대 대만순무(台湾巡撫) 유명전(劉銘伝)에 의해 대도정 남단 에 타이베이 기차역(台北火車站: 前鉄道局遺址)의 설립이 계획되고, 다업 을 관리하는 기구인 차리국(茶釐局), 군장기기국(軍裝機器局) 등 국가시 설이 이 일대에 들어섰다. 그 후 철도의 개통에 의해 타이베이는 더욱 더 발전을 하여 대남(台南)과 어깨를 겨눌 정도로 번영을 이루었다.

일제시대인 1897년 대만총독부의 조사에 의하면 대도정의 차상(茶 商)은 252개가 있었다고 한다. 이들의 무역의 영향은 경제뿐만 아니라, 건축물과 종교등의 외국문화들이 대도정을 통해 대만 전역에 영향을 끼쳤다. 일제시대에는 일본의 상사가 양행의 세력을 배제함에 따라 대 도정 상업은 전통의 찻잎 사업에서 한방약, 그리고 천의 도매업 등으 로 확대되어 가는 변화가 일어난다.

일제시대 중기의 대도정은 일본인이 적극적으로 건설한 타이베이 성내(台北城內: 현재 城中区)로 번영이 옮겨가게 된다. 이것에 대해 경제 중심의 성외(城外), 행정중심의 지역으로 구분하는 설도 있으나, 대만인 과 일본인의 경제지역을 별도로 하기 위한 정책이었다는 분석도 있다.

1920년 11월 1일, 타이베이청(台北庁) 직할의 맹갑, 대도정, 대용동 (大龍峒) 3지역이 타이베이시가 되어 타이베이주(台北州)에 속했다. 이 것에 의해 대도정의 행정구역은 다시 항정(港町), 영락정(永樂町), 태평정(太平町), 일신정(日新町), 하규부정(下奎府町), 건성정(建成町), 상규부정(上奎府町)로 나뉘어졌다. 이로 말미암아「대도정」은 역사상의 거리가 되어버렸다.

제2차 세계대전 이후 대도정의 차상들에게도 변화가 생겨났다. 담수(淡水)의 강바닥이 점점 토사의 침전으로 인해 강바닥이 얕아져 하천항으로서 기능을 상실했다. 이제는 담수하를 통한 화물의 운송이 사라졌고, 주변은 매립되었고, 수문(水門)은 역사의 증인으로서 남았다. 또 계속된 타이베이시의 도시개발로 인해 다수인원들이 동쪽으로 이주하여 오늘날 대도정은 타이베이시 교외의 구시가지로 전락해버렸다.

차시장도 불황이 닥쳤다. 세계시장에서 대만차는 스리랑카 홍차와의 경쟁에서 이기지 못하고 쇠퇴했다. 점차 사라지고 오랜 역사를 가진 백년노점(百年老店)은「금기다행(錦記茶行)」,「전상다장(全祥茶莊)」,「유기다장(有記茶莊)」「왕서진다(王瑞珍茶)」등 몇집 밖에 남아 있지 않다. 20세기초 일어났던「황금시대」는 이제는 과거지사가 되고 말았다.

3. 대도정의 차상

(1) 곽춘앙(郭春秧)의 금무다행(錦茂茶行)

대만 포종차의 대부분은 인도네시아로 수출되었다. 당시 인도네시아의 쟈바는 인도와 스리랑카에 이어 차생산지이었으나, 동시에 대만 포종차의 대소비지이기도 했다. 그러므로 자연히 주요 수출국 중의 하나가 인도네시아였다. 이곳으로의 수출은 1895년 일본 통치가 개시되

그림 2 곽춘앙(郭春秧: 1860~1935)

자마자 시작되었다. 그 때는 정치적인 문제로 중국대륙과의 교류가 제
한되어 있었다. 그러자 지금까지 하문 등을 통하여 수출하던 대만차는
타이베이 대도정의 차상들에 의해 직접 수출이 주도되었다.

당시 인도네시아는 네덜란드의 식민지였다. 이곳에 포종차를 수출
하는 데 크게 기여한 자는 곽춘앙(郭春秧: 1860~1935)였다. 그는 1860년
복건성 천주(泉州) 동안(同安)에서 태어났다. 일찍이 부친을 여의고 가
난하게 생활을 했다. 그러던 그가 18세 때 숙부 곽하동(郭河東)이 살고
있는 인도네시아의 자바에 건너가 고생 끝에 제당업으로 성공을 거두
어 훗날 자바 4대 설탕왕으로 불렸던 인물이다.

이러한 그가 1887년에 포종차의 장래성에 주목하고 대도정에 「금상다
행(錦祥茶行: 혹은 錦茂茶行)」을 개설했다. 동시에 자바, 세마랑(Semarang)
에 「곽하동유한공사(郭河東有限公司(錦祥))」를 설립하고, 쟈바의 여러
곳에 지점을 열었고, 또 상해(上海), 한구(漢口), 텐진(天津), 하문(廈門) 등
중국의 주요 차 수출거점에 지점을 개설하여 대규모의 차무역을 벌

였다.[2]

　일본통치가 시작된 1898년 대만에서 「대북차상공회(台北茶商公会)」가 설립되었을 때 총독부의 권유로 초대회장에 그가 취임했다. 그 후 1900년에 곽춘앙은 회장직을 오문수(吳文秀)에게 물려주었다. 그리고 1901년 그는 동업(同業) 15개사의 대표로서 농상무성(農商務省)에 포종차 6종류의 「상표등록」을 신청하여 다른 차상들을 놀라게 했다.

　당시 곽춘앙은 대만에서 수출하는 포종차의 3분의 1을 자신의 회사인 「금무다행(錦茂茶行)」이 취급했고, 최대의 수출지는 인도네시아였다. 처음에는 그곳에 사는 화교들이 마시는 차로서 취급하였는데, 서서히 현지주민들에게도 침투되어 대만의 포종차는 없어서는 안되는 국민의 음료가 되었다. 이처럼 인도네시아에 대만 포종차의 보급에 남긴 그의 공적은 실로 크다.

　1918년 제1차세계대전 이후 불경기로 인도네시아가 외국차 수입금지령을 실시하자 대만 차상들은 곤경에 빠진다. 이때 곽춘앙은 인도네시아 화교 출신으로서 실력을 발휘한다. 그는 「대만차상공회(台湾茶商公会)」의 평의원 오문수와 더불어 「세마랑 차상공회(茶商公会)」 회장이라는 직함으로 영향력을 발휘하여 현지당국과 교섭하여 수입금지령을 풀었다. 그만큼 그는 당시 인도네시아의 정재계에 폭넓은 인맥과 실력을 가지고 있는 사업가이었다.

　1920년 그는 홍콩 북각(北角)의 토지개발에도 참여했다. 그러나 본업인 설탕가격이 폭락하고, 또 후계자인 아들이 자신보다 먼저 세상을 떠

2　須賀努(2017)「東南アジアから旧満州まで輸出された包種茶の歴史」『交流』(920), 日本台湾交流協会, pp.11-12.

나는 등으로 만년에는 사업이 원활하게 이루어지지 않았다. 그리고 1935년 타이베이 대도정의 「금무다행」도 75세의 생애로 조용히 마감을 했다.

그가 대만의 차업계를 떠났지만, 그 이후 포종차의 동남아 수출은 계속되었다. 그러나 1929년에 시작된 세계적 공황은 인도네시아의 경제에도 큰 타격을 주었고, 그에 따라 차의 수입과세가 강화되자 수출이 격감해 수출국 대상에서 인도네시아는 서서히 모습을 감추었다.

(2) 진천래(陳天来)의 금기다행(錦記茶行)

포종차를 취급했던 국제무역의 차상으로서 진천래(陳天来: 1872~1939)를 빼놓을 수 없다. 그는 복건성 남안시(南安市) 출신이다. 그는 부친 진택률(陳澤栗)은 하문(厦門)에 있는 무역회사에 근무하다 대만의 차상 이춘생(李春生)과 알게 되었으며, 이를 계기로 대만으로 이주했다. 그 때 당시 이춘생은 대도정에서 찻잎을 매매하는 전문점을 열고 있었다. 진택률은 대만에 와서 찻잎을 배전(焙煎)에 필요한 숯장사를 했다. 진천래는 어린 시절 때부터 부친의 일을 도우며, 차를 사고파는 것이 수익이 높다는 사실을 알고 1891년에 대도정에서 「금기다행(錦記茶行)」을 개업했다.

그는 대만차를 주로 오룡차와 포종차를 제조하여 판매했다. 그 후 그의 사업은 동남아시아를 중심으로 전 세계로 퍼져나갔고, 그에 따라 지점도 설립했다. 특히 그는 싱가포르 화교사회와 밀접한 관련을 맺고 수출되는 대만 포종차의 3할을 차지했다고 할 만큼 그의 사업은 팽창하게 된다. 또 1927년에서 1939년까지 10년 이상이나 곽춘앙이 창설한 대만상공회(台湾茶商公会)의 회장을 역임한다.[3]

그림 3 진천래(陳天来: 1872~1939)

그는 또 1920년에 대도정유치원(大稻埕幼稚園)을 설립하고, 1923년에는 「타이베이봉래각주가(台北蓬莱閣酒家)」에 출자하는 등 사업을 다각화하며, 공공복지에도 투자를 했다. 1935년 그는 대도정의 2대 극장인 영락좌극장(永樂座劇場)과 제일극장(第一劇場)을 건실했다. 그 중 「영락좌(永楽座)」는 대만인을 대상으로 하는 유일한 영화관이었다.

그의 아들 진청파(陳清波: 1905~1945/ 일본명은 田川清波)는 금기다행에서 동남아시아의 포종차 무역에 종사했다. 그는 일본어, 북경어, 말레이시아어에도 능통했다. 1920년 인도네시아에서 대만으로 돌아와 금기제다주식회사 상무로서 차 무역에 종사하고, 더구나 타이베이권업신용조합장(台北勧業信用組合長), 타이베이시상공회(台北市商工会) 회장, 타이베이시회의원(台北市会議員)을 역임했다.[4]

---

3   片倉佳史(2014) 「台湾文化の発源地・大稲埕を訪ねる その1」『交流』(879), 日本台湾交流協会　p.16.
4   村松弘一(2017) 「明治―昭和前期, 学習院の中国人留学生について」『学習院大学国際研究教育機構研究年報』(3) 学習院大学, pp.214-215.

그림 4 진천래의 옛집(大稻埕貴德街)

이같이 이들 부자는 1920년 이후 화상(華商)·곽춘앙을 대신하여 포종차 업계의 지도자가 되었다. 진청파는 1941년에는 대만차수이출통제주식회사(台湾茶輸移出統制株式会社)·대만수산흥업주식회사(台湾水産興業株式会社)·금기제다주식회사(錦記製茶株式会社)·대북중앙시장주식회사(台北中央市場株式会社)·대만수출진흥주식회사(台湾輸出振興株式会社)·동업조합대만차상공회(同業組合台湾茶商公会)·만지향대만차수출조합(満支向台湾茶輸出組合)·제삼국향대만차수출조합(第三国向台湾茶輸出組合)을 모두 장악했다. 이러한 조합들을 통하여 대만에서 만주 등 중국대륙으로 수출 길을 확대 추진했다.

진청파에는 진허씨(陳許氏)봉음(鳳吟)과의 사이에 2남1녀의 자식을 두었다, 그리고 안씨(顔氏)매옥(梅玉)과의 사이에서 6남1녀를 두었다. 그 중 안씨매옥의 소생인 아들 진수의(陳守毅)·진수실(陳守実)·진수언(陳守信)은 당시 일본 귀족학교 학습원 초등과에 조기유학을 보내기

187

도 했다. 그 중 1929년 출신 진수의는 태북중학고중부(泰北中学高中部) 졸업 후, 금기상행 부경리, 봉래각식당고빈유한공사(蓬萊閣食堂股份有限公司) 상무이사를 거쳐 중일물산무역유한공사(中日物産貿易有限公司) 집행업무고동(執行業務股東)이 되었다.[5]

제2차 세계대전이 끝나고, 각국이 전쟁의 타격을 입었기 때문에 차 수출은 대폭 감소되었다. 수출에 의해 부를 축적했던 대만의 차상들은 변화에 견디지 못하고 폐업을 선택했다. 타이베이 대도정에서 대만 차 산업에 크게 공헌한 진천래의 「금기다행」도 1952년에 그 역사의 막을 내렸다.

(3) 왕연하(王連河)의 신방춘다행(新芳春茶行)

이 회사는 1930년대 대도정에서 최대 규모를 자랑하던 제다회사이 자 차무역회사이었다. 창업자는 왕방군(王芳群)이었다. 이들은 복건의 안계 출신이다. 1913년 그의 아들 16세의 왕연하(王連河: 1896~)와 함께 대만으로 가서 왕진춘(王珍春)과 함께 「방춘다행(芳春茶行)」을 개설하 여, 포종차를 주로 말레이시아, 태국, 베트남, 싱가포르 등 주로 동남아 시아로 수출했다.

1918년에 이들 가족들은 그의 고향에 도적이 창궐하여 치안이 불안 해져 모두 대만으로 완전히 이주했다. 그리고 그 이듬해 1919년에 왕 진춘과의 동업관계도 청산하고 대도정에서 「신방춘다행(新芳春茶行)」 을 설립했다.

5　村松弘一(2017)「明治―昭和前期, 学習院の中国人留学生について」『学習院大学国際研究教育機構研究年報』(3) 学習院大学, pp.214-215.

그림 5 왕연하(王連河:1896~)

1929년 「신방춘다행」은 아들인 왕연하가 계승하였고, 1932년에는 합자회사로 개편하여 동남아로 포종차를 수출했다. 그리고 1934년 축적된 자금으로 토지를 매입, 현재의 자리에 창고, 주택, 홍배공장을 모두 갖춘 하나의 건물을 지었다.

이들은 다른 차상들과 마찬가지로 문산과 남항의 농가로부터 모차(毛茶=荒茶)를 매입하여 가공하여 제품을 만들었다. 여기서 모차란 이른바 예비 가공으로 만든 차를 말한다. 다시 말해 차농이 수확한 찻잎을 위조, 살청, 유념과 초보적 홍건(烘乾)의 과정을 거쳐서 만들어진 차이다. 이 차의 단점은 규격이 일정하지 않고, 품질이 고르지 않으며, 수분 함량이 비교적 높아 맛이 떨어지기 쉽다는 것이다. 그리고 배화(焙火)과정을 거치지 않았기 때문에 마시면 속이 불편해지기 쉽다. 이러한 차를 매입하여 선별작업과 찻잎의 길이도 일정화시켜, 차의 맛을 향상시키고 차의 풍미를 우러 나오도록 재가공을 하여 수출품으로 제품을 만들었던 것이다.

그림 6 대도정(大稻埕)의 신방춘다행(新芳春茶行: 1934년 건립)

1974년 왕국충(王國忠)이 부친 왕연하의 뒤를 이었으나, 국내 산업의 전환과 함께 대만 달러가 절상됨에 따라 차 생산과 제조 노동력이 부족하고 임금이 급격히 상승했다. 그 결과 대만차는 높은 생산원가로 말미암아 수출시장의 경쟁력을 잃고, 대도정의 차상들은 노동비용이 저렴한 나라로 옮겨갔고 「신방춘다행」도 2004년 제다무역을 그만두고 폐업했다. 비교적 당시 건물상황이 잘 보존되어 2009년 타이베이시 문화국의 심사를 거쳐 회사의 건물이 고적지로 지정되었고, 4여년간 복원 공사 끝에 2016년 새롭게 개장했다. 현재 제다는 하지 않고, 차와 관련된 강의와 전시회를 개최한다.

그림 7 현재 유기다장의 왕성균(王聖鈞)씨

(4) 왕경휘(王敬輝)의 유기다장(有記茶莊)

「유기다장」은 1920년대 태국 수출을 주도했던 차상 중의 하나이다. 이 회사는 1890년에 초대 왕경휘(王敬輝)가 고향 복건의 안계 서평(西坪)에서 하문(厦門)으로 나와 「왕유기다장(王有記茶莊)」을 개설한 것에서 출발한다. 그 후 그의 뒤를 이은 2대 왕효근(王孝謹)이 방콕에 생활 거점을 두고 타이베이의 대도정에 차가공 공장을 두고 대만차를 태국에서 판매했다.

그러다가 왕효근이 제2차 세계대전이 끝난 후 완전히 대도정으로 건너가 다행(茶行)을 열었다. 그리고 그 뒤를 이은 3대 왕징청(王澄淸)이 17세 때 경영을 인수받아 「유기(有記)」를 전통 있는 제다회사로 확고한 지위를 굳혔다. 현재 「유기」는 4대 왕연원(王連源)을 거쳐 5대 왕성균(王聖鈞)씨가 5대째 대표를 맡아 운영하고 있다.

이러한 이력에서 보듯이 특히 2대 왕효근은 태국과의 밀접한 관련성을 가지고 있다. 이들의 활약으로 일본통치시대에는 물론 광복 후인 1950년대에도 포종차 수출전체의 30%이상 태국으로 수출할 수 있었다. 지금도 「유기」에는 옛날 태국에 수출할 때 사용했던 영어와 태국어의 상표가 보존되어있으며, 「FORMOSA」와 「유기선장(有記選庄)」이라고 적힌 수출용 상자가 보존되어있다.

1921년 평림에서 창업한 노포 「상태다장(祥泰茶莊)」의 제3대 대표 풍명중(馮明中)씨는 「옛날에는 태국수출이 많았다」고 한다. 「태국에는 특히 조주계(潮州系)와 객가계(客家系)의 화교가 많고, 이들은 포종차를 좋아했다」고 했다.[6] 이들의 수요에 충당하기 위해 태국에 대거 수출되었다. 그와 동시에 인도네시아, 베트남 수출은 없어졌으며, 홍콩수출이 30%를 넘기고 있다. 그리고 오키나와 수출이 20% 가까이 차지했다고 한다.[7] 그러한 역사를 「유기다장(有記茶莊)」이 고스란히 간직하고 있는 것이다.

그런데 「유기다장」에서 생산되는 포종차는 녹차에 가깝다. 배전(焙煎)과는 무관하다고 생각하는 사람이 있으나, 그렇지 않다. 「유기」의 점포 안에는 70-80년 전에 만든 탄배전(炭焙煎)의 설비가 지금도 남아있다. 직화를 사용하지 않고, 잔불로 느긋하게 배전하기 때문에 포종차의 향기를 최대한 손상시키지 않는 동시에 차맛을 짙게 한다는 데 특징이 있다. 이것은 현재 우리가 알고 있는 포종차와는 다른 맛이다.

오늘날 태국에서 유명한 차로서 삼마차(三馬茶)라는 것이 있다. 이것

---

6 須賀努(2017)「東南アジアから旧満州まで 輸出された包種茶の歴史」『交流』(920), 日本台湾交流協会, pp.13-14.

7 須賀努(2018)「包種茶 光復から現在まで」『交流』(922), 日本台湾交流協会, p. 12.

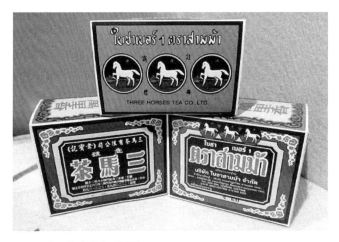

그림 8 태국의 삼마차(三馬茶)

은 어디에서나 팔리고 있는 것으로 태국에서 제조되는 오룡차이다. 대만에서는 이를 「보기(宝記)」라 부른다. 이 차는 방콕의 차이나 타운에서 발생한 차이다. 그러나 이 차의 기원은 대만의 포종차가 대거 태국으로 수출되었다는 역사적 사실을 감안한다면, 대만의 포종차로부터 시작되었을 가능성이 높다. 이같이 대만의 포종차는 태국의 화교들에 의해 대거 태국으로 진출했음을 알 수 있다.

(5) 왕첨정(王添灯)의 문산다행(文山茶行)

문산다행(文山茶行)은 왕첨정(王添灯: 1901~1947)에 의해 세워진 차무역업체이다. 왕첨정은 1901년 신점(新店)에서 왕면장(王綿長)의 차남으로서 출생했다. 그의 일족은 복건 장주(漳州) 남청(南靖) 금산(金山)의 수두촌(水頭村)에서 나왔다. 이들은 1700년대 초 화재를 입고 대만으로 이주했다. 처음에는 담수(淡水) 부근에서 살았으나, 그의 조부인 왕청

렴(王淸廉)이 신점(新店)의 안갱(安坑)으로 이주하여 차를 재배하는 차농가로서 생계를 영위했다. 그 후 그의 부친 왕면장은 그곳에서 차를 재배하면서 판매도 함께 했다.

왕첨정은 1915年 안갱공학교(安坑公学校)를 졸업한 후 신점장역장(新店庄役場)에서 근무하면서 야간중학교를 다녔으며, 1929년 타이베이시(台北市) 사회과에 취직하였으나, 1년 만에 퇴직했다. 그리고 1930년에는 양조가(楊肇嘉) 등이 주최한 대만지방자치연맹(台湾地方自治連盟)에 가입하여 간부의 명단에 이름을 올리기도 한다. 이처럼 그는 대만의 자치운동에도 관심이 높았다. 이같은 정치적 이념을 가지고 일본의 식민통치에 대한 문제제기, 지방자치의 방향성 등을 제시하는 강연회도 개최하여 경관들에게 제지당하고, 구류(拘留) 조치를 당한 경험도 있었다.

1932년에 황경(黃経) 등과 함께 「남흥다행(南興茶行)」을 설립했다. 거의 동시에 고천조(高天助) 등과 「문산다행(文山茶行)」을 설립하였고, 그때 제다담당은 장형인 왕수유(王水柳: 1898~1992)가 맡았고, 왕첨정은 판매를 담당했다.

문산다행의 특이성은 동남아시아가 아닌 대만차를 만주에 수출하기 위해 대련(大連)에 지점을 개설하였다는 점이다. 대련지점에는 아우인 왕진익(王進益) 부부를 파견하였다. 1937년에는 신점에서 동향인 고양(高良)과 함께 「문산제다(文山製茶)」를 신설하여 차를 가공하여 텐진으로 적극 수출했다. 이들이 세운 「문산(文山)」과 「남흥(南興)」이 중국 텐진에 수출한 양은 당시 일본의 대재벌 미쓰이(三井)와 거의 비슷할 정도이었다.

1937년 그는 일본 시즈오카현(静岡県) 차산업의 현상을 시찰했다. 이때 시즈오카의 찻잎 생산율이 대만보다 훨씬 우수하다는 인상을 받았다. 그 때 한 말이 「타이베이 근교에 황폐한 다원을 정비하고, 또 중남부, 동부에서도 하루 빨리 찻잎생산을 장려할 필요가 있다」는 것이었다. 또 도쿄(東京)에서는 내대차업대회(内台茶業大会)에도 참가할 정도로 일본 국내에서도 대만차업자로서 이미 인지도가 높은 인사였다.

또 같은 해 관민합동으로 개최된 「대만차 발전의 좌담회」에 출석했으며, 그 때 그는 그 해에 설립된 「태북주차출하조합(台北州茶出荷組合)은 자본금을 농회에서 지불하였고, 사무경비의 보조도 받고 있으면서도 민간업자를 압박하고 있다」고 정부 출석자를 규탄하여 태북주(台北州) 권업과장(勧業課長)을 곤경에 빠뜨리기도 했다.

같은 해 1937년 그는 차상공회(茶商公会)의 역원개선(役員改選)과 관련하여 대만일일신문(台湾日日新聞)에 「왕첨정 일파의 책동에 의해 한 차례 소동이 있은 후에 치러진 투표」라는 기사가 있다. 이는 아마도 신흥세력인 왕첨정이 부조장(副組長) 취임을 획책(최종적으로는 台北州知事의 裁定으로 평의원이 되다)한 것으로 보인다. 그 해 대만지방자치연맹이 강제 해산되었다. 다시 말해 일본통치 및 구체제에 대한 저항이 표출되었을 것이다.

1938년 그는 대만다업(台湾茶業)의 「북지반(北支班)」에 참가하여 중국의 남경(南京), 청도(青島), 제남(済南), 텐진(天津), 북경(北京), 대련(大連) 등 현지 방문하여 차시장을 조사했다. 이 때 그는 「대만차는 중국차에 비해 품질이 떨어지고, 게다가 값도 비싸다」고 하며 걱정했고, 또 「텐진은 이미 도매업자가 굳건히 시장을 장악하고 있고, 대만차가 뛰어들 수 있는 것은 소매시장뿐이다」고 지적했다. 실제로 그는 톈진에 소매점을 개설하고 있다.

그의 「문산다행」이 급격하게 성장할 수 있었던 것은 그의 언어능력과 사업수완이었다. 그는 대만어, 일본어, 만주어에도 능통하였고, 이를 통해 사업수완을 크게 발휘했다. 또 다른 이유 하나는 그의 동업자 고천조(高天助)의 존재이었다. 그는 특히 영어도 능통하여 외국상사인 「덕기양행(德記洋行)」과의 관계가 아주 좋아, 이곳을 통해 해외로 차수출을 순조롭게 할 수 있었다. 「덕기양행」은 영국인이 1867년에 대남(台南)의 안평(安平)에 설립한 무역회사로 당시 5대 양행 중 하나이었다. 이 회사는 주로 설탕, 장뇌, 찻잎을 수출하면서 아편을 수입했다. 이러한 회사를 통하여 이들은 해외로 차를 수출했다.

1940년 전시 하에 물가통제가 시작되자, 차 수입이 어려워졌다. 그때 마침 대련의 왕진익이 일본유학(日大)시대의 동급생과 우연히 재회하여, 그의 도움으로 차 수입이 인정되자, 이들의 사업은 더욱 확장 발전할 수 있었다. 대련지점의 영업실적이 크게 신장되어 1941년 미쓰이를 비롯한 대기업들과 함께 만주에서 대만차 판매 순위가 6위까지 신장했다.

같은 1940년에 그는 대만차수출통제주식회사(台湾茶輸出統制株式会社)의 이사가 되어 대만차의 수출에 진력을 다했다. 그리고 국책으로서 1943年에 몽고수출용 전차(磚茶)를 제조하는 대만전차주식회사(台湾磚茶株式会社)의 부사장에도 취임했다. 이 회사는 대만의 찻잎을 이용하여 전차를 만들었는데, 이것은 몽고인들의 생활에서 반드시 필요한

196

전차를 일본이 공급할 필요가 있었다. 그에 부응하기 위해 일본은 시
즈오카, 미야자키(宮崎) 등지에 공장을 세웠지만, 그 수요에 따르지 못
해 대만에서도 전차를 만들 수밖에 없었다. 이처럼 그는 국책으로 만
주에 대량으로 찻잎을 수출함으로써 정부에 협조하면서도, 또 다른 한
쪽으로는 통치정책을 비판하고 있는 양면성을 가지고 있었다.

광복 후, 왕첨정은 대만성다업고빈유한공사(台湾省茶業股份有限公司)
의 이사장이 되었다. 이 회사는 일본이 철수한 후 미쓰이의 다공장 등
일본의 다업자산을 접수했다. 이때 그는 명의뿐이며, 실제는 중국대
륙에서 온 국민당이었고, 그 접수부대에는 임복천(林馥泉) 등과 같은 복
건에서 온 차 전문가들이 있었다.

1946년 왕첨정은 대만성다업상업동업공회(台湾省茶業商業同業公会)
회장에도 취임하여 명실공히 대만차업계 정상의 위치에 있었다. 그러
나 정세는 전후의 혼란기이며, 수출도 불가능해져 사업은 무척 어려운
시대였다.

이러한 시기 그는 대북시참의원(台北市参議員), 성참의원(省参議員)에
당선되어 정치인의 길을 가게 된다. 그는 특히 부패관료를 비판했고,
대만민주화를 위해 활동을 벌여 철면의원(鉄面議員)이라는 별명을 얻
었다. 또 인민도보(人民導報)라는 신문사 사장을 역임하며 언론계의 민
주화도 추진했다. 「최대 다수의 최대의 행복」이라는 슬로건을 걸고 그
실현에 매진했다.

1947년 2월 228사건이 발생했다. 이는 대만정부가 담배밀매의 적발
과 정부의 과격한 탄압으로 인해 주민들의 파업과 폭동, 무기고 습격
하는 등 대규모의 반정부 항쟁이 야기되었다. 이 때 대만정부 자체로

는 진압이 어려워 대륙의 장개석에게 증원을 요청하였고, 이에 3월 8일 21사단을 파견 진압에 나서 18000~28000여명의 시민들이 체포되거나 살해되었다.

　그 때 왕첨정은 군경찰의 발포저지, 체포된 시민의 석방, 관민공동의 처리위원회 개최 등을 요구했다. 그리고 228처리위원회의 대표로서 행정장관 진의(陳儀: 1883~1950)[8]에게 대만인의 32항요구(三十二項要求)를 전하고 담판을 벌인 적이 있다. 이처럼 그는 실질적인 대만민중의 리더로서 활약하고 있었다. 일설에 의하면 사건직후 진의가 장개석에게 보낸 보고에 왕첨정이 마치 사건의 주모자인 것처럼 이름이 가장 먼저 기재되어있었다 한다.

　이같은 왕첨정의 정치활동을 지켜본 많은 사람들이 「신변이 위험하니 피신하라」고 충고를 하였으나, 그는 「결코 나쁜 일이 아니며, 민중을 위한 활동이기 때문에 도망갈 이유가 없다」며 거절했다. 이 때 그는 자신이 체포된다는 사실을 알고 있었던 것 같다. 그리하여 자신의 장남을 대륙으로 피신시켰다. 그런 일이 있고난 수일 후인 1947년 3월 10일 이른 아침 자택에서 당국자들에게 연행되어 갔고, 그 이후에는 소식이 끊어졌다.

　그의 사후 가족들은 당국으로부터 핍박이 심했다. 그의 아들은 가업인 다업을 접고, 서문정(西門町)으로 이사를 했고, 일본어잡지의 총

8　절강 소흥출신. 중화민국의 군인, 정치가. 일본 육사 출신. 초기의 북양 군벌 출신으로 1926년 국민당에 투항한 후 국민당원이 되어 복건성 주석, 행정원 비서장, 육군대학 총장 대리 등을 역임. 제2차세계대전 종전 후에는 대만성 행정장관 겸 경비총사령에 임명. 재임시에 228사건이 발생했다. 그 이후 중국공산당으로 귀순을 기도했지만, 발각되어 국민당에 의해 처형당했다.

대리점, 증권대리점, 베스파(Vespa) 등의 오토바이 수입대리점, 또 서
문정에서 빠징코 영업 등을 했다. 그러다가 1960년경에「문산다행」과
는 별도로「천상행(天祥行)」이라는 새로운 이름의 다행을 열었다. 왕첨
정은 오랫동안 생사불명인 채로 범죄자 취급을 받다가 민진당 정권이
당선된 후 2007년에 비로소 명예가 회복되었다.

(6) 왕연산(王연山)의 옥서진다(王瑞珍茶)

옥서진다(王瑞珍茶)는 왕연산(王蓮山)에 의해 설립된 차상이다. 그의
조상은 태국을 거점을 삼은 복건성(福建省) 안계(安溪) 출신이다. 처음
에는 차를 재배하고 배전(焙煎)을 전문으로 하고 있었다. 왕서진다행
(王瑞珍茶行)의 2대인 왕효매(王孝梅)는 1892년 복건성 안계현 서평향(西
坪鄕) 월새촌(月塞村)에서 태어났다. 당시 복건성 안계현에서 생산된 철
관음은 이미 세계적인 명성을 얻고 있었다. 그러나 그가 태어난 월새
촌은 여전히 빈곤한 농촌지역이었다. 그는 자신의 미래를 위해 대만에
이주해 대도정에 정착했다.

왕효민은 고향의 복건 철관음의 배전기술(重焙煎)로 문산포종차, 쟈스
민차, 철관음, 홍차 등을 만들어 태국 등 동남아로 수출했다. 그의 뒤를
이어 3대째 대표를 맡고 있는 왕금명(王金明)은 왕효매(王孝梅)의 5남이
다. 부친이 은퇴한 후 가업을 계승했다. 그가 대표로 맡을 때는 주로 태국
으로 수출하였으나, 그 이후 대만의 경제성장과 국내 수요가 높아져 지
금은 주로 국내 판매 중심으로 바꾸었다. 현재 4대 대표는 그의 딸 왕정산
(王靜珊)이 맡고 있다.

(7) 「임화태다행(林華泰茶行)」과 「전상다장(全祥茶莊)」

중경북로(重慶北路)에 「임화태다행(林華泰茶行)」이라는 상호를 사용하는 차상이 있다. 이 차상은 1883년에 창업한 곳으로 타이베이에서도 오랜 역사를 가지고 있는 차도매상이다. 이들은 복건 천주 안계 출신으로 원래 석정(石碇)에 살다가 대도정으로 진출한 사람들이다. 이곳은 「고품질의 차, 저렴한 가격」을 원칙으로 삼고 찻잎을 일본, 미국 등 각국으로 수출을 하고 있다.

한편 서녕북로(西寧北路)에 있는 「전상다장(全祥茶莊)」은 1949년 임화태의 형제가 창업했다 한다. 과거에는 남흥다행(南興茶行)으로 지금도 몇 개 남아있지 않은 찻잎 배전공장(焙煎工場)을 가지고 있는 차상 중의 하나이다. 이들은 형제인 임화태와 역할구분을 했다. 즉, 임화태는 대만인을 대상으로, 전상(全祥)은 외성인(外省人)을 상대로 장사를 했다. 전상이 외성인을 대상으로 한 이유는 광복 이전 일본통치시대에 전상의 창업자가 중국 텐진(天津)에서 차사업을 하였기에 대륙인들의 취향을 잘 파악하고 있었기 때문이라 한다. 그러므로 이 집은 항편(香片), 용정차 및 고산오룡차를 취급하고 있다. 특히 장개석총통의 부인 송미령(宋美齡: 1898~2003)여사도 이 집 차를 좋아했다고 전해진다.

4. 오늘날 대도정의 차상

타이베이의 대도정은 대만에 온 이주자들이 논 가운데 공터를 만들고, 수확한 벼를 말리는 곳이었다는 것에서 붙여진 이름이었다. 이러한 곳에 도시가 생기고, 차상들이 모여들었다. 그리고 청조말기(淸朝末期)부터 일본통치시기까지 대도정의 차산업은 그야말로 황금기를 맞이했다. 『태북시로가사(台北市路街史)』에 「매년 3월 초부터 10월까지는 춘차(春茶), 하차(夏茶), 추차(秋茶)가 팔리고, 제다로 바쁜 시기이다. 거리는 차와 꽃의 향기가 넘쳐났고, 찻잎을 선별하는 여성들이 빈번하게 오고가던 곳이었다」고 묘사될 정도로 찻잎으로 번성을 누리던 곳이다.

이곳에 모여든 차상들은 대개 복건인들이었다. 이들은 세계의 차시장에서 비교적 관심이 적은 포종차를 고급의 기술로 상품화하여 화교를 통해 동남아시아로 수출하여 막대한 부를 창출했다. 홍차도 오룡차도 아닌 포종차에 집중했다. 1915년 「차상공회(茶商公会)」가 설립되는데, 회원명부를 보면 포종차를 판매하는 업자들이 다수 포함되어있다. 이를 보더라도 당시 대만의 차상들은 포종차에 얼마나 힘을 기울였는지를 알 수 있다.

이들은 1919년에 동남아시아에 금융을 공급하기 위한 화남은행(華南銀行)을 설립한다. 이 은행의 대주주는 당시 대만에서 가장 부자인 판교(板橋)의 임본원(林本源) 일족들이었다. 그리고 1920년대에 접어들자 대만의 차상들은 인도네시아뿐만 아니라 베트남, 태국 등으로 수출을 증대해 갔으며, 중일전쟁 발발 후에는 만주와 태국 그리고 심지어 일본의 오키나와까지 수출지를 옮겨갔다. 특히 만주는 일본이 중국에서 분리시켜, 일본 통치하에 있는 수출에서 대만을 우선으로 했기 때문에 가능했다. 그 결과 대련(大連) 등에는 대만다업(台湾茶業)의 지사가 개설되었고, 그곳을 통하여 거래가 활발하게 이루어졌다.

1935년경 태국과 베트남으로 수출이 확대되었을 때 총독부는 차수출을 장려하고, 수출보상법까지 제정했다. 이것은 찻잎 수출로 손실을 발생하였을 경우, 그것의 60-70%를 총독부가 보전하는 무역보험과 같은 것이었다. 이같은 정책으로 인해 적극적으로 관여하는 차상(茶商)들로 인해 차의 수출량은 늘어났다. 1937년 노구교(盧溝橋) 사건 이후는 만주에 중국 차 수입이 전면 금지되자, 포종차의 수요는 폭증했고, 그에 따라 대만의 포종차가 동남아로 대거 수출됨에 따라 부를 축적한 차상들이 대거 등장했다. 이것으로 인해 총독부의 재정에 크게 도움이 된 것이 사실이다. 이처럼 이들에게는 찻잎이 부를 창출하는 「차금(茶金: Gold Leaf)」이었다.

그에 관한 재미난 이야기가 있다. 「유기명다(有記名茶)」의 젊은 경영인 왕성균(王聖鈞)씨가 부친으로부터 직접 들은 이야기인데, 그의 증조부는 대도정의 부두에서 찻잎을 배에 싣는 선적작업을 직접 지휘하곤 했다. 어느 해 연간 50만근(1근은 600g)의 포종차를 출하한 적이 있었다. 그 때 나이가 어렸던 그의 부친이 증조부에게 「50만근의 차는 도대체 어느 정도가 되나요?」라고 물었다. 그러자 고조부는 웃으면서 「50만근이라면 우리 타이베이 사람들이 1년 마시고도 남을 정도이다」고 대답했다고 한다.[9] 이 이야기에서 보듯이 당시 차수출이 얼마나 성황을 이루었는지 잘 알 수 있다.

그러나 상황은 제2차 세계대전을 계기로 급격하게 변화가 일어난다. 각국들은 전쟁의 피해로 차수입을 극도로 제한했다. 그러자 수출

---

[9] 陳宛妤(2018)「世界に香る台湾茶—輝き取り戻す老舗」『TAIPEI 冬季号』(14), https://www.travel.taipei 〉 featured 〉 detail.

에만 의존하여 부를 축적한 차상들은 환경의 변화에 견디지 못하고 폐업의 길을 선택하는 것이 많아졌다. 그 뿐만 아니라 1970년대에는 국내의 산업구조가 변화되고, 신대만(新台灣) 달러가 절상된다. 그리고 찻잎의 생산과 제조는 노동력 부족과 임금상승으로 가격이 올라가 해외시장에서 경쟁력을 상실하고 말았다. 그 결과 찻잎으로 황금을 만들던 시대가 지나가고 차상들도 하나 둘씩 자취를 감추고, 역사의 유물로 남겨져 있다. 그러한 가운데 현존하는 소수의 차상들이 닥쳐오는 참혹한 현실에 참신하고 다양한 상품과 전략으로 맞서 싸우고 있다.

저자 후기

　차의 원료가 되는 차나무는 성질이 까다롭다. 햇빛을 좋아하지만 음지에서도 잘 자라나는 성질도 가지고 있어 오후에는 구름과 운무가 끼는 시원한 기후를 좋아한다. 그리고 차나무는 비를 좋아하지만, 그곳에 물이 많으면 잘 자라지 않는다. 그러므로 차는 경사가 완만하고 배수가 잘되는 곳을 좋아한다. 그러므로 따뜻하고 비가 많이 내리는 열대 및 아열대 기후대와 산간지대가 차나무가 가장 잘 성장할 수 있는 환경이다.

　대만은 비가 많이 내리는 고온 다습한 아열대성 기후 조건을 갖추고 있어 차 재배지로서는 적합한 지역풍토이다. 더구나 해발 1000미터 이상의 산악지대도 있어 고산차라는 고냉차(高冷茶)가 생산이 되는 곳도 대만이다.

　대만차에는 크게 녹차, 청차, 홍차가 있다. 그 중 대만인들이 좋아하지 않는 것이 있다면 그것은 녹차이다. 그럼에도 불구하고 녹차를 만들었던 것은 외부인들의 영향이다. 첫째 일본이다. 대만을 식민지로 삼은 일본은 녹차문화를 가지고 있다. 그러므로 대만에 거주하는 일본인들을 대상으로 만들어 「대방차」라는 이름으로 생산하여 판매했다. 여기서 「대방인」이란 일본인을 말한다. 대만인들이 녹차의 재배와 제다의 경험이 부족할 뿐만 아니라 토질과 품종이 녹차에 적합하지 않아 크게 성장하지 못했다.

둘째, 중국 내란 이후 장개석을 비롯한 국민당과 함께 들어온 대륙인이다. 이들 가운데 절강과 강서 및 산동사람들이 많았다. 이들은 녹차문화를 가지고 있었다. 즉, 이들 가운데 고향의 녹차 맛을 찾는 사람이 많았다. 그 결과 이들을 대상으로 녹차를 생산했다.

셋째, 외국수출이다. 1948년경 영국 차상들을 통하여 북아프리카 등지로 수출한 것이 녹차이었다. 그러나 북아프리카제국들이 수입제한 정책을 펼침으로써 수출길이 막혀 어려운 상황을 맞이하기도 했다. 이를 타개하듯이 60년대에 접어들어 일본에서 주문이 들어와 수출을 재개하였으나, 70년대 오일쇼크로 인해 일본으로 수출도 어렵게 되고 말았다. 이처럼 대만에서 녹차는 외부의 영향에 민감하게 반응하며 부침의 역사가 반복되다가 근래에는 사양길에 접어들고 말았다.

그에 비해 홍차는 일본통치와 함께 시작되었다고 해도 과언이 아닐 정도로 대만총독부가 심혈을 기울여 개발에 나섰다. 이들은 1918년에 「연화지약용식물원(蓮華池藥用植物園)」에서 앗쌈차를 심어서 재배하였고, 1921년에도 「평진다업시험지소(平鎭茶業試驗支所)」를 개설하고 홍차용 앗쌈종을 도입하여 본격적으로 시험재배연구에 돌입했다. 그리고 어지(魚池)에 「홍차시험지소(紅茶試驗支所)」를 설치했다. 여기에 연구진으로 참여한 사람은 타니무라 아이노스케(谷村愛之助), 후루이치 마코토(古市誠), 아라이 코키치로(新井耕吉郎: 1904~1946) 등이 있었다. 그 중 아라이는 지금도 대만인들로부터 「대만홍차의 아버지」라 불리며 존경을 받고 있다. 대만이 세계적으로 자랑하는 일월담홍차는 이들의 연구성과를 계승 발전시킨 결과물이었다.

여기에는 또한 후지에 카쓰타로(藤江勝太郎), 가토쿠 켄조(可德乾三: 1854~1926)와 같은 뛰어난 일본인 기술자들도 있었다. 이들은 러시아 및 몽고, 시베리아 등지에서 수출했던 홍전차의 개발자이다.

그리고 와다나베 덴에몬(渡辺傳右衛門), 모치키 소조(持木壯造) 등의 홍차농장경영자 및 공장을 운영한 사람들이 있었고, 「일본대만다업주식회사(日本台湾茶業株式会社), 미쓰이합명회사(三井合名会社), 대만홍차주식회사(台湾紅茶株式会社)와 같은 당시 일본의 굴지기업들도 대만홍차산업에 뛰어들었다. 이로 인해 대만의 홍차산업이 엄청나게 발전하였음은 누구도 부인하지 못할 것이다. 지금도 일본에서 유명한 홍차산업을 이끌고 있는 대기업인 「일동홍차(日東紅茶)」는 「미쓰이합명회사」에서 나온 것이다. 즉, 대만에서 시작한 일본의 기업이다. 현재 대만에서 홍차는 녹차와 달리 일본의 기술을 최대한 계승하고 발전 시켜 새품종의 개발과 함께 일월담 홍차라는 세계적인 명품을 만들었다는데 큰 의의를 가진다 하겠다.

그러나 대만 전체의 차에서 녹차와 홍차는 주류를 형성하지 못한다. 어디까지나 중심을 이루고 있는 것은 청차(오룡차)이다. 발효도에 따라 청차를 오룡차와 포종차로 나누어 볼 수 있는데, 대표적인 오룡차로서는 동정오룡, 목책철관음, 동방미인, 고산차 등을 꼽을 수 있고, 포종차에는 문산포종과 남항포종을 들 수가 있다. 이러한 것들은 모두 중국 복건에 기원을 두고 대만에서 발전한 것이다. 그러나 그 중에서 특히 포종차와 동방미인 그리고 고산차는 상당히 복건에서도 찾아보기 힘들 정도로 독자화를 구축해놓고 있다. 포종차는 1873년경 대만에서 생산된 중저가의 오룡차를 복건의 복주에 가져가서 쟈스민과 섞어서 만든 새롭게 만든 포종화차에서 시작되어 1885년 복건의 안계 이민 출신 왕수금과 위정에 의한 새로운 제조법이 개발되고 정착한 것이다. 그리고 동방미인은 19세기 우연히 신죽에서 「부진자(浮塵子)」라는 벌레의 피해를 입은 찻잎에서 우연히 발견된 것이다. 그러므로 복건에는 없는 것이다. 또 희소의 가치와 고품질을 목표로 새롭게 개발한 고산차는 해발 1000m 이상의 고지에서 생산된 청심오룡(青心烏龍)으로 만들고 있다. 이것 또한 복건에는 없는 것이다. 이처럼 대만의 청차가 뿌리는 중국 복건에 두면서도 대만에서만 볼 수 있는 독자화를 이루는 데 성공을 거두고 있다.

대만의 차산업을 돌이켜보면 개발과 발전에 식민지시대의 일본의 공헌이 컸다는 것은 누구도 부인할 수 없는 사실이다. 그러나 대만인들의 노력과 협력이 없었다면 그것도 불가능하였을 것이다.

가령 대만식 녹차개발에 기술과 자본을 제공한 상해 출신 당계산이 없었더라면 불가능한 것이었다. 목책철관음차는 장내묘가 안계에서 품종과 기술을 전한 것에서 생겨난 것이다. 그리고 고산차를 둥근 모양으로 만드는 기술은 복건 안계 출신 왕태우가 전래했으며, 포종차의 제다법도 복건의 안계출신 왕수금과 위정시가 전래한 것이다. 그 뿐만 아니라 포종차를 동남아시아로 수출하는데 크게 기여한 화교출신 곽춘앙이 있었다. 그의 손자이자, 대자본을 투자하여 「동방홍차」를 설립하여 운영한 곽소삼도 대만 홍차산업에 빼놓을 수 없는 중요한 인물이다.

일본이 물러가고 난 후에는 대만차의 품종을 개발하고 보급한 인물로 오진탁(吳振鐸), 임복천(林馥泉), 임복(林復)을 꼽지 않을 수 없다. 이들은 모두 복건 출신이다. 그리고 중국 근대 다업의 아버지로 불리는 장천복(張天福: 1910~2017)이 세운 복건의 복안농학교 졸업생이며, 장천복에게서 차의 재배와 제다를 배운 직계 제자들이다. 이들이 전후 대만 현대 차 연구개발을 이끈 주요 3인방이었다. 이들을 비롯한 수많은 대만의 기술자와 노동자들의 피와 땀이 오늘날 대만 차문화를 이룩한 것이었다.

이러한 사실을 곱씹어보면 대만의 차문화는 뿌리를 중국에 두면서도 대만의 분리 독립을 원하는 대만 복건인들의 기질과도 닮아있다. 그야말로 대만의 차는 복건인들의 대만 이민사를 그대로 반영하고 있다 하겠다.

대만의 수많은 종류의 차에는 대만의 역사와 문화가 살아있다. 이를 기반으로 대만인들은 차문화를 시대에 맞추어 끊임없이 변화를 시도하고 있다. 대만의 중장년층들이 찾는 「차관(茶館=茶藝館)」이 있고, 또 그러한 곳에서 젊은층을 겨냥하여 「패션프루트 버블 홍차(百香果珍珠紅茶)」, 「버블우롱 밀크티(珍珠烏龍奶茶)」, 「버블레몬 녹차(珍珠檸檬綠茶)」 등의 버블티(Bubble tea) 또는 타피오카티가 개발되어 호평을 얻기도 한다.

한편 한국과 일본에 다도가 있다면 그들에게는 「차예(茶芸)」라는 문화가 있다. 다도가 「형태」나 「행위」를 통해 정신적 미학을 추구하고자 한다면, 「차예」는 생활에서 중심을 두고 「어떻게 하면 차를 아름답게 마실 수 있을까」하는데 중점이 가 있다. 즉, 차행위를 예술로 보는 것이다. 그러므로 한국과 일본과 같이 어려운 다법이나 형식에 구애받지

않는 대신, 「차예」를 하는 다인들에게는 찻잎, 물, 도구, 차 그리고 그
것과 관련된 풍부한 지식과 차를 아름답게 우려내는 기술이 요구된다
고 한다.

　이러한 점에서 「차관」과 「차예」는 대만의 차문화를 이해하는데 중
요한 요소임에 틀림없다. 그럼에도 본서에서는 이것에 대해 본격적으
로 다루지 못한 아쉬움이 있다. 그 이유는 아직 나의 능력이 그것에 미
치지 못한 것에 있다. 여기에 대해서는 앞으로 시간을 두고 현지 조사
를 통해 심도 있는 연구 성과를 세상에 내어놓는데 노력을 기울이고자
한다.

참고문헌

서문

김정운외 7인(1998) 「대만의 차 재배 및 이용실태」『한국차학회지』(4-2), 한국차학회,
    pp.93-104

왕명상(2021)『대만차의 이해』한국티소믈리에연구원, pp.19-249.

최성희(2016) 「대만산 홍차류의 휘발성 향기성분」『한국차학회지』(22-1), 한국차학회,
    p.47.

조규대(2019) 「마시는 교양, 차(茶) 이야기 2(백차)」『헬스컨슈머』, 2019.10.02.,
    http://www.healthumer.com.

제1장

박희준(2003)『차 한잔』계문사, pp.285-286.

왕명상(2021)『대만차의 이해』한국티소믈리에연구원, p.37

周鍾瑄(1962)『諸羅縣志』臺灣文獻叢刊 第141種, 臺灣銀行, p.295.

連橫(1962)『臺灣通史』臺灣文獻叢刊 第13種, 臺灣銀行, p.654.

黃淑璥(1957)『臺海使槎錄』(卷3), 臺灣文獻叢刊 第4種, 臺灣銀行, p.63.

須賀努(2017) 「埔里の紅茶工場」『交流』(913), 日本台湾交流協会, p.9.

須賀努(2017)「知られざる凍頂烏龍茶の歴史」『交流』(918), 日本台湾交流協会, p.12.

竹尾忠一(2001) 「包種茶史」『茶年報』(91), 茶業研究報告, p.2

松下智(1971) 「台湾の茶」『茶業研究報告』日本茶業技術協会, p.55.

村上直次郎訳注 · 中村孝志校注(1972)『バタヴィア城日誌』(卷2), 平凡社, p.339.

권남석(2022) 「세계차밭기행 Ⅱ2_대만 서요량다원」『월간 금강』, 2022.03.03.,
    https://www.ggbn.co.kr 〉 news 〉 articleView_Dana.

이다현(2009) 「청차의 명차(1) 동정오룡차(凍頂烏龍茶)」『불교저널』, 2009.12.08.,
    http://www.buddhismjournal.com.

「중국, 대만의 차문화 / 대만의 차와 역사 」, http://m.blog.naver.com 〉 rheemh.

제2장

박정도(2001)『중국차의 향기』박이정, pp.31-35.

왕명상(2021)『대만차의 이해』한국티소믈리에연구원, pp.144-145

이진수(2007)『중국 차문화』지영사, p.161.

周鍾瑄(1962)『諸羅縣志』臺灣文獻叢刊 第141種, 臺灣銀行, p.194/ p.295.

黃淑璥(1957)『臺海使槎錄』(卷3), 臺灣文獻叢刊 第4種, 臺灣銀行, p.63.

竹尾忠一(2001)「包種茶史」『茶年報』(91), 茶業研究報告, p.2.

今野純子(2019)「1920年代における新竹州客家人の台頭と台湾茶業の分岐」『東洋學報』(101-3), 東洋學會, p.12

須賀努(2018)「日本統治時代 台湾にも緑茶があった」『交流』(927), 日本台湾交流協会, pp.16-17.

須賀努(2018)「日本に輸出された台湾煎茶」『交流』(929), 日本台湾交流協会, p.27/ p.28/pp.27-28.

松下智(1971)「台湾の茶」『茶業研究報告』日本茶業技術協会, p.59.

村上直次郎訳注・中村孝志校注(1972)『バタヴィア城日誌』(卷2), 平凡社, p.339.

김은정(2018)「우아하고 깊은 향 … 茶의 백미 '서호 용정차'」『시사오늘(시사ON)』, 2018.06.04., http://www.sisaon.co.kr.

박영환(2013)「과일향의 '벽라춘'과 애틋한 사랑의 전설 ②」『불교저널』, 2013.10.04., http://www.buddhismjournal.com.

이다현(2009)「⑨ 녹차의 명차(4) 동정벽라춘(洞庭碧螺春)」『불교저널』, 2009.11.02., http://www.buddhismjournal.com.

이유진(2023)「이유진의 중국 도읍지 기행항저우 … 호포천 물로 우려낸 '용정차'는 천하의 명차」『주간경향』(1531), 2023.06.12., https://weekly.khan.co.kr.

윤중숙(2023)「차 한 잔에 담은 효능 실록(9) 벽라춘에 나타난 차 효능」, https://contents.premium.naver.com 〉 yjs 〉 contents.

제3장

조정용・문제학・박근형・마승진(2007)「발효차의 향기 (Ⅱ)−동방미인차의 향기성분 및 발현 유전자−」『식품과학과 산업』(40-4), 한국식품과학회, p.49.

왕명상(2021)『대만차의 이해』한국티소믈리에연구원, pp.146-172.

連橫(1962)『臺灣通史』臺灣文獻叢刊 第13種, 臺灣銀行, p.654.

方健編(2014)『中国茶書全集校訂』(4), 中州古籍出版社 p.1723.

今野純子(2019)「一九二〇年代における新竹州客家人の台頭と台湾茶業の分岐—茶樹品種'青心大冇(タイパン)種'を通して」『東洋学報』(101-3), 東洋文庫, p.1.

今野純子(2019)「製茶から見る東方美人茶の変遷— 二〇一八年東方美人茶製茶報
　　　告を通して—」『立教史学： 立教大学大学院文学研究科史学研究室紀要』
　　　(4), p.45.

片倉佳史(2014)「台湾文化の発源地・大稲埕を訪ねる その1」『交流』(879), 日本台湾
　　　交流協会, p.16

須賀努(2017)「知られざる凍頂烏龍茶の歴史」『交流』(918), 日本台湾交流協会, p.12.

須賀努(2017)「東南アジアから旧満州まで 輸出された包種茶の歴史」『交流』(920),
　　　日本台湾交流協会, pp.13-14.

須賀努(2018)「包種茶　光復から現在まで」『交流』(22), 日本台湾交流協会, p.12.

須賀努(2018)「高山茶はいつからあるのか」『交流』(931), 日本台湾交流協会pp.14-15.

須賀努(2019)「鉄観音茶の歴史とは」『交流』(937), 日本台湾交流協会, p.30.

竹尾忠一(2001)「包種茶史」『茶年報』(91), 茶業研究報告, p.3.

谷村愛之助・井上房邦(1928)「茶樹品種試験成績第一報告」『臺灣總督府中央研究
　　　所農業部彙報』(第58號), p.7/pp.9-10/p.31.

松下智(1971)「台湾の茶」『茶業研究報告』日本茶業技術協会, pp.59-60.

村松弘一(2017)「明治—昭和前期, 学習院の中国人留学生について」『学習院大学国
　　　際研究教育機構研究年報』(3) 学習院大学, pp.214-215.

陳慈玉(2015)「買辦から資本家へ: 日本統治期台北・大稲埕の李家」『立命館経済学』
　　　(第63巻第5・6号), 立命館大学, p.368.

권남석(2022)「세계차밭기행Ⅱ2 대만 서요량다원」『월간 금강』, 2022.03.03.,
　　　https://www.ggbn.co.kr 〉 news 〉 articleView_Dana.

박영환(2009)「중국차문화사(41) 철관음①」『불교저널』, 2014.05.02.,
　　　http://www.buddhismjournal.com/news/articleView.

박영환(2009)「중국차문화사(42) 철관음②」『불교저널』, 2014.06.04.,
　　　http://www.buddhismjournal.com/news/articleView.

박영환(2013)「세계적인 중국의 명차, 오룡차 ①」『불교저널』, 2013.12.03.,
　　　http://www.buddhismjournal.com/news/articleView.

尹珺君(2013)「中國茶: 黃茶, 白茶, 靑茶」, https://shanghaicrab.tistory.com.

이다현(2009)「청차의 명차(1) 동정오룡차(凍頂烏龍茶)」『불교저널』, 2009.12.08.,
　　　http://www.buddhismjournal.com.

棚橋篁峰(2005)「観音様からの授かりもの 青茶(烏竜茶)④」『人民中国』(12),
　　　http://www.peoplechina.com.cn 〉 wenhua 〉 tea.

棚橋篁峰(2005)「七泡シテ余香有リ 烏竜茶⑤」『人民中国』(12),
　　　http://www.peoplechina.com.cn 〉 wenhua 〉 tea.

楊品瑜(2005)「南港包種茶」茶・茶語録的故事 南港包種茶,
　　　http://www.leading-sakai.co.jp 〉 chatekikoji_3.

제4장

윤지인(2009) 「일본 홍차협회 활동이 문화에 미친 영향 연구」『차문화산업학』(11), 차
　　　문화산업학회, p.5.

왕명상(2021)『대만차의 이해』한국티소믈리에연구원, pp.166-170.

이영희(2012)『일제강점기 홍차문화 연구』원광대 석사논문, p.45.

최성희(2016) 「대만산 홍차류의 휘발성 향기성분」『한국차학회지』(22-1), p.43.

岡本恵也(2016) 「〈熊本学園大学〉創設裏面史: 知られざる人々、知られざる事柄(岡
　　　本恵也教授 退職記念号)」『熊本学園大学経済論集』(22), 熊本学園大学,
　　　pp.316-317.

須賀努(2017) 「埔里の紅茶工場」『交流』(941), 日本台湾交流協会, p.10.

須賀努(2019) 「東台湾 その茶と歴史とは」『交流』(941), 日本台湾交流協会, pp.28-29.

須賀努(2019) 「初期台湾茶業に貢献した日本人―藤江勝郎と可徳乾三(2)―」『交流』
　　　(945), 日本台湾交流協会, p.20.

須賀努(2020) 「魚池で紅茶作りに投資した最初の日本人 持木壮造と渡辺傳右衛門」
　　　『交流』(557), 日本台湾交流協会, p.28.

菅大志(2018) 「続・演習林と珈琲の百年物語」『交流』(923), 日本台湾交流協会, p10.

菅大志(2020) 「台湾通信」『きぼうの虹』北海道大学生活共同組合, p.4.

제5장

片倉佳史(2014) 「台湾文化の発源地・大稲埕を訪ねる その1」『交流』(879), 日本台湾
　　　交流協会 p.16.

須賀努(2017) 「東南アジアから旧満州まで 輸出された包種茶の歴史」『交流』(920),
　　　日本台湾交流協会, pp.13-14.

須賀努(2018) 「包種茶 光復から現在まで」『交流』(22), 日本台湾交流協会, p.12.

村松弘一(2017) 「明治―昭和前期, 学習院の中国人留学生について」『学習院大学国
　　　際研究教育機構研究年報』(3) 学習院大学, pp.214-215.

陳宛妤(2018) 「世界に香る台湾茶―輝き取り戻す老舗」『TAIPEI 冬季号』(14),
　　　https://www.travel.taipei 〉 featured 〉 detail.

찾아보기

216

저 자 약 력

▎노성환(魯成煥, No, Sung hwan) ▎

울산대 일본어 일본학과 명예교수. 통도사 차문화대학원 교수. 일본 오사
카대학 문학박사.
일본오사카대학 대학원 졸업, 미국 메릴랜드대학 방문교수, 중국 절강공
상대학 객원 교수, 일본 국제일본문화연구센터 외국인연구원 역임. 주된
연구분야는 신화, 역사, 민속, 차를 통한 동아시아문화론이다.

저서

『일본속의 한국』(울산대 출판부, 1994), 『한일왕권신화』(울산대 출판부,
1995), 『술과 밥』(울산대 출판부, 1996), 『젓가락사이로 본 일본문화』(교
보문고, 1997), 『일본신화의 연구』(보고사, 2002), 『동아시아의 사후결혼』
(울산대 출판부, 2007), 『고사기』(민속원, 2009), 『일본의 민속생활』(민속
원, 2009), 『오동도 토끼설화의 세계성』(민속원, 2010), 『한일신화의 비교
연구』(민속원, 2010), 『일본신화와 고대한국』(민속원, 2010), 『일본에 남
은 임진왜란』(제이앤씨, 2011), 『일본신화에 나타난 신라인의 전승』(민속
원, 2014), 『임란포로, 일본의 신이 되다』(민속원, 2014), 『임란포로, 끌려
간 사람들의 이야기』(박문사, 2015), 『조선 피로인이 일본 시코쿠에 전승
한 한국문화』(민속원, 2018), 『조선통신사가 본 일본의 세시민속』(민속
원, 2019), 『일본 하기萩의 조선도공』(민속원, 2020), 『일본 규슈의 조선도
공』(박문사, 2020) 『시간의 민속학』(민속원, 2020), 『한·중·일의 고양이
민속학』(민속원, 2020), 『일본에서 신이 된 고대한국인』(박문사, 2021),
『할복』(민속원, 2022), 『초암다실의 기원』(효림, 2022), 『성파스님의 다락
방』(민속원, 2023), 『국경을 넘는 한일요괴』(민속원, 2023), 『시간의 비교
민속학』(민속원, 2024), 『한국에서 바라본 일본의 차문화』(민속원, 2024),
『일본 나라의 다인과 다실』(박문사, 2024) 『중국 천태산과 한국의 차와
불교』(박문사, 2024) 등

역서

『한일고대불교관계사』(학문사, 1985), 『일본의 고사기(상)』(예전사, 1987),
『선조의 이야기』(광일문화사, 1981), 『일본의 고사기(중)』(예전사, 1990),
『조선의 귀신』(민음사, 1990), 『고대한국과 일본불교』(울산대 출판부,
1996), 『佛教の祈り』〈일본출판〉(法藏館, 1997), 『일본의 고사기(하)』(예전
사, 1999), 『조선의 귀신』(민속원, 2019) 등